O CURADOR FERIDO

Dados Internacionais de Catalogação na Publicação (CIP)
(Câmara Brasileira do Livro, SP, Brasil)

Nouwen, Henri
O curador ferido : ministério na sociedade contemporânea / Henri Nouwen ; tradução de Thelma Nóbrega. – Petrópolis, RJ : Vozes, 2020.

Título original: The wounded healer : ministry in contemporary society
Bibliografia.

4ª reimpressão, 2024.

ISBN 978-85-326-6467-9

1. Teologia pastoral I. Título.

20-33862 CDD-253

Índices para catálogo sistemático:
1. Teologia Pastoral : Cristianismo 253

Cibele Maria Dias – Bibliotecária – CRB-8/9427

Henri Nouwen

O curador ferido

Ministério na sociedade contemporânea

Tradução de Thelma Nóbrega

Petrópolis

Tradução do original em inglês intitulado
The Wounded Healer – Ministry in Contemporary Society

Direitos de publicação em língua portuguesa – Brasil:
2020, Editora Vozes Ltda.
Rua Frei Luís, 100
25689-900 Petrópolis, RJ
www.vozes.com.br
Brasil

Editoração: Elaine Mayworm
Diagramação: Sheilandre Desenv. Gráfico
Revisão gráfica: Alessandra Karl
Capa: Érico Lebedenco
Ilustração: Cabeça de Jesus, entre 1890/1891. Enrique Simonet (1866–1927)

ISBN 978-85-326-6467-9 (Brasil)
ISBN 978-0-385-14803-0 (Estados Unidos)

Este livro foi composto e impresso pela Editora Vozes Ltda.

Sumário

Prefácio à segunda edição, 7

Agradecimentos, 9

Introdução – As quatro portas abertas, 11

I – O ministério em um mundo deslocado – A busca humana, 15

II – Ministério para as gerações desenraizadas – Olhando nos olhos do fugitivo, 41

III – Ministério para um homem sem esperança – Esperando pelo amanhã, 71

IV – Ministério de um ministro solitário – O curador ferido, 107

Conclusão – Um impulso adiante, 127

Prefácio à segunda edição

Mais de três décadas se passaram desde que este importante trabalho foi publicado em 1972. Sua popularidade duradoura demonstra com que nitidez Henri Nouwen toca a corda que revela o ministério como um encontro e identificação com aqueles que esperam Boas-novas.

Apesar da qualidade atemporal dos escritos de Henri, muito da linguagem deste antigo trabalho, particularmente no que diz respeito a gênero, estava enraizado em outro tempo. Os editores e as pessoas do Fundo para o Legado de Henri Nouwen desejam agradecer a Sean Mulrooney e a Kathryn Smith pelo cuidadoso trabalho de atualizar o texto para os leitores de hoje. Tiveram com as palavras de Henri tanta consideração e respeito quanto o próprio Henri teria, e garantiram que *O curador ferido* continuasse relevante, com iluminação e inspiração para o leitor.

Enquanto a edição anterior pode ter atraído principalmente pessoas no ministério da Igreja, o presente volume é um chamado universal por compaixão dentro de relacionamentos, em nossa jornada para nos tornamos mais plenamente humanos.

Sue Mosteller, I.S.J.

Fundo para o Legado de Henri Nouwen

Novembro de 2009.

Agradecimentos

Muitas pessoas desempenharam um papel importante no desenvolvimento dos diferentes capítulos deste livro. Aqueles a quem apresentei partes do manuscrito em forma de palestras foram especialmente prestativos em reorganizar e reformular seções grandes.

Sou muito grato a Steve Thomas e Rufus Lusk pela ajuda substancial na etapa final do manuscrito, a Inday Day pelo excelente auxílio secretarial e a Elizabeth Bartelme pelo encorajamento e competente assistência editorial.

Dedico este livro a Colin e Phyllis Williams, que, com sua amizade e hospitalidade tornaram a Escola de Divindade de Yale um verdadeiro espaço livre para mim.

Henri J.M. Nouwen

Introdução

As quatro portas abertas

O que significa ser um ministro na sociedade contemporânea? Essa questão tem sido levantada nos últimos anos por muitos homens e mulheres que querem prestar serviço mas que acham os modos familiares decadentes e a si mesmos despidos de suas proteções tradicionais.

Os capítulos seguintes são uma tentativa de responder a essa pergunta. Mas, como diz Antonio Porchia, "Uma porta se abre para mim. Eu entro e me defronto com cem portas fechadas"[1]. Qualquer novo *insight* que sugeria uma resposta me levou a muitas perguntas novas, que continuaram por responder. Mas eu queria, ao menos, evitar a tentação de não entrar por nenhuma porta devido ao medo das fechadas. Isso explica a estrutura deste livro.

---

1 PORCHIA, A. *Voices*. Chicago, 1969.

Os quatro capítulos podem ser vistos como quatro diferentes portas através das quais eu tentei entrar nos problemas do ministério no mundo moderno. A primeira porta representa a condição de um mundo sofredor (cap. I); a segunda porta, a condição de uma geração sofredora (cap. II); a terceira porta, a condição de um humano sofredor (cap. III); e a quarta porta, a condição de um ministro sofredor (cap. IV).

A unidade deste livro reside mais em uma tenaz tentativa de responder aos ministros que estão questionando sua própria relevância e eficiência do que em um tema consistente ou em uma discussão teórica fartamente documentada. Talvez nossas experiências de vida fragmentadas, combinadas ao nosso senso de urgência, não permitam um "manual para ministros".

Contudo, no meio da fragmentação, uma imagem lentamente brotou como o foco de todas as considerações: a imagem do curador ferido. Essa imagem foi a última a chegar. Depois de todas as tentativas de articular a condição daqueles que vivem na sociedade contemporânea, a necessidade de articular a condição dos próprios ministros se tornou mais importante.

Pois todos os ministros são chamados a reconhecer os sofrimentos do seu tempo em seu próprio coração e tornar esse reconhecimento o ponto de partida de seu serviço. Seja se tentarmos entrar em um mundo deslocado, relacionar com uma geração convulsiva ou falar com uma pessoa que está morrendo, nosso serviço não será percebido como autêntico a não ser que venha de um coração ferido pelos sofrimentos sobre os quais falamos.

Assim, nada pode ser escrito sobre o ministério sem um entendimento mais profundo das maneiras pelas quais os ministros podem tornar suas próprias feridas disponíveis como uma fonte de cura. Por isso este livro tem como título *O curador ferido*.

New Haven, Connecticut

I

O ministério em um mundo deslocado

A busca humana

Introdução

De tempos em tempos alguém entra em sua vida cuja aparência, comportamento e palavras insinuam de um modo dramático a condição humana contemporânea. Peter foi uma dessas pessoas para mim. Ele veio para pedir ajuda, mas ao mesmo tempo ofereceu um novo entendimento de meu próprio mundo! Este é seu retrato:

> Peter tem 26 anos. Seu corpo é frágil; seu rosto, emoldurado por longo cabelo loiro, é magro, com uma palidez da cidade. Seus olhos são ternos e irradiam uma melancolia

anelante. Seus lábios são sensuais e seu sorriso evoca uma atmosfera de intimidade. Quando aperta a mão ele rompe com o ritual formal de tal modo que você sente seu corpo como realmente presente. Quando fala, sua voz assume tons que pedem para serem ouvidos com cuidadosa atenção.

Enquanto conversamos, torna-se claro que Peter sente que os muitos limites que dão estrutura à vida estão se tornando cada vez mais vagos. Sua vida parece estar à deriva. É uma vida sobre a qual ele não tem qualquer controle, uma vida determinada por muitos fatores conhecidos e desconhecidos em seu entorno. A distinção clara entre Peter e seu meio se foi, e ele sente que suas ideias e sentimentos não são realmente dele; antes, incidem sobre ele.

Às vezes, ele se pergunta: "O que é fantasia e o que é realidade?" Frequentemente, ele tem a estranha sensação de que pequenos demônios entram em sua cabeça e criam uma dolorosa e ansiosa confusão. Ele tampouco sabe em quem pode confiar e em quem não, o que deve fazer e o que não, por que dizer "sim" para um e "não" para outro. As muitas distinções entre bom e ruim, feio e bonito, atraente e repulsivo estão perdendo significado para ele. Até para as mais bizarras sugestões ele diz: "Por que não? Por que não tentar algo que eu nunca tentei? Por que não ter uma experiência nova, boa ou má?"

> Na ausência de limites claros entre ele e seu meio, entre fantasia e realidade, entre o que fazer e o que evitar, parece que Peter tornou-se um prisioneiro do agora, capturado no presente sem conexões significativas com seu passado ou futuro. Quando vai para casa sente que entra em um mundo que se tornou alienígena para ele.
>
> As palavras que seus pais usam, suas perguntas e apreensões, suas aspirações e preocupações parecem pertencer a outro mundo, com outra linguagem e outra atmosfera. Quando ele olha para o seu futuro tudo se torna um grande borrão, uma nuvem impenetrável. Ele não encontra respostas para perguntas sobre por que vive e para onde está indo. Peter não está trabalhando duro para atingir uma meta, não anseia pela realização de um grande desejo nem espera que algo grande ou importante vá acontecer. Olha para o espaço vazio e tem apenas uma certeza: se há algo que vale a pena na vida deve estar aqui e agora.

Eu não pintei esse retrato de Peter para lhes mostrar uma imagem de alguém necessitado de ajuda psiquiátrica. Não, acho que a situação de Peter é, de muitas maneiras, típica da condição dos homens e mulheres modernos. Talvez Peter precise de ajuda, mas suas experiências e sentimentos não podem ser entendidos meramente em termos de psicopatologia individual. São parte do contexto histórico em que todos vivemos, um contexto que torna possível ver na vida de Peter os sinais dos tempos que nós também reconhecemos em nossas experiências de vida. O que vemos em Peter é uma expressão dolorosa da situação do que eu chamo "humanidade na Idade Moderna".

Neste capítulo eu gostaria de chegar a um entendimento mais profundo da nossa condição humana, como se torna visível através dos muitos homens e mulheres que experimentam a vida tal como Peter. E espero descobrir em meio à nossa atual agitação novos caminhos para libertação e liberdade.

Portanto, vou dividir este capítulo em duas partes: A condição da humanidade na Idade Moderna e O caminho da humanidade para a libertação.

1 A condição da humanidade na Idade Moderna

As pessoas perderam a fé ingênua nas possibilidades da tecnologia e estão dolorosamente conscientes de que os mesmos poderes que nos permitem criar novos estilos de vida também carregam o potencial para a autodestruição.

Deixem-me contar uma história da Índia antiga que pode nos ajudar a ilustrar a situação da humanidade na Idade Moderna:

> Quatro filhos de um rei questionavam que especialidade deveriam dominar. Disseram uns para os outros: "Vamos vasculhar a Terra e aprender uma ciência especial". Assim de-

cidiram, e depois de combinarem um lugar onde voltariam a se encontrar, os quatro irmãos partiram, cada um deles numa direção diferente. O tempo se passou e os irmãos se reencontraram no local designado e perguntaram uns aos outros o que haviam aprendido. "Eu dominei uma ciência", disse o primeiro, "que torna possível para mim, se eu tiver apenas um pedaço de osso de alguma criatura, criar imediatamente a carne que o acompanha". "Eu", disse o segundo, "sei como fazer crescer a pele e o cabelo dessa criatura se houver carne em seus ossos". O terceiro disse: "Eu sou capaz de criar seus membros se eu tiver a carne, a pele e o cabelo". "E eu", concluiu o quarto, "sei como dar vida a essa criatura se seu corpo estiver completo com os membros".

Em seguida, os quatro irmãos entraram na selva para encontrar um pedaço de osso de modo que pudessem demonstrar suas especialidades. Como quis o destino, o osso que encontraram foi de um leão, mas eles não sabiam e apanharam o osso. Um acrescentou carne ao osso, o segundo fez crescer pele e pelos, o terceiro o completou com membros correspondentes e o quarto deu vida ao leão. Sacudindo sua juba pesada o feroz animal ergueu-se com sua boca ameaçadora, dentes pontiagudos e garras impiedosas e saltou sobre seus criadores. Matou todos eles e, contente, desapareceu na selva[2].

---

2 *Tales of Ancient India*. Nova York: Bantam Books, 1961, p. 50-51 [trad. do sânscrito por J.A.B. van Buitenen].

As pessoas contemporâneas compreendem que nossos poderes criadores têm o potencial para a autodestruição. Nós entendemos que vastos e novos complexos industriais nos possibilitam produzir em uma hora aquilo que labutamos para produzir durante anos no passado, mas também compreendemos que essas mesmas indústrias perturbaram o equilíbrio ecológico e, por meio da poluição do ar, da água e a sonora contaminaram nosso planeta.

Dirigimos nossos carros e assistimos TV, mas poucos entendemos os mecanismos dos instrumentos que usamos. A maioria de nós vê tanta abundância de comodidades materiais ao redor, que a escassez não mais motiva a nossa vida; mas ao mesmo tempo tateamos em busca de direção e pedimos significado e propósito. Em tudo isso sofremos o inevitável conhecimento de que em nosso tempo se tornou possível para nós destruir não só a vida, mas também a possibilidade de renascer, não só um indivíduo, mas também a raça humana; não só períodos de existência, mas também a própria história. O futuro da humanidade hoje se tornou uma opção.

Aqueles que viveram numa idade pré-moderna podem perceber o real paradoxo de um mundo no qual a vida e a morte tocam-se de modo mórbido e nos encontramos sobre uma corda fina que pode se romper muito facilmente; mas adaptaram esse conhecimento à sua anterior perspectiva otimista da vida. Para aqueles que nasceram na Idade Moderna, porém, esse novo conhecimento não pode ser adaptado a antigas visões nem ser canalizado por instituições tradicionais; antes, ele rompe radical e definitivamente todos os sistemas de referência humana existentes. Para tais pessoas o problema não é que o futuro reserva um novo perigo, como uma guerra nuclear, mas que pode não haver futuro algum.

Jovens não são necessariamente modernos e velhos não são necessariamente pré-modernos. A diferença não está na idade, mas na consciência e no estilo de vida relacionado. O psico-historiador Robert Jay Lifton deu-nos alguns conceitos excelentes para determinar a natureza dos dilemas daqueles que vivem no mundo de hoje. Nos termos de Lifton, as pessoas modernas podem ser caracterizadas por (1) um deslocamento histórico, (2) uma ideologia fragmentada e (3) uma busca por nova imortalidade. Pode ser útil examinar a vida de Peter à luz desses conceitos.

1.1 Deslocamento histórico

Quando o pai de Peter lhe pergunta quando ele vai fazer seu exame final e se encontrou uma boa moça para se casar e também quando sua mãe cuidadosamente o indaga sobre os sacramentos da Confissão e da Comunhão e sua participação em uma comunidade católica, ambos supõem que as expectativas de Peter para o futuro são essencialmente as mesmas que as deles.

Mas Peter pensa em si mesmo mais como um dos "últimos no experimento de viver" do que como um pioneiro trabalhando para um novo futuro. Portanto, símbolos usados por seus pais não podem ter o mesmo poder unificador e integrador para ele como têm para pessoas com uma mentalidade pré-moderna.

Essa experiência de Peter nós chamamos de "deslocamento histórico". É uma "quebra na sensação de conexão que os homens por muito tempo sentiram com o símbolo vital e nutridor de sua tradição cultural; símbolos que giram em torno da família, dos sistemas de ideias, da religião e do ciclo da vida em geral"[3]. Por que as pessoas deveriam casar e ter filhos, estudar e construir uma carreira; por que deveriam inventar novas técnicas, criar novas instituições e desenvolver novas ideias quando duvidam se haverá um amanhã que possa assegurar o valor do esforço humano?

Crucial para aqueles que vivem na Idade Moderna é a falta de um sentido de continuidade, que é tão vital para uma vida criativa. Descobrem-se parte de uma não história, na qual apenas o momento do aqui e agora tem valor. Para as pessoas da Idade Moderna a vida facilmente se torna um arco cuja corda está quebrada e do qual nenhuma flecha pode voar. Nesse estado deslocado nós nos tornamos paralisados. Nossas reações não são angústia e júbilo, que foram uma parte tão

---

3 LIFTON, R.J. *History and Human Survival.* Nova York: Random House, 1970, p. 318.

grande da existência humana, mas apatia e tédio. Somente quando nos sentimos responsáveis pelo futuro podemos ter esperança ou desespero; mas quando nos consideramos vítimas passivas de uma burocracia tecnológica extremamente complexa nossa motivação vacila e começamos a vagar de um momento para o seguinte, tornando a vida uma longa série de incidentes e acidentes aleatoriamente interligados.

Quando nos perguntamos por que a linguagem do cristianismo tradicional perdeu seu poder libertador para aqueles que vivem na Idade Moderna temos de entender que a maior parte da pregação cristã ainda se baseia no pressuposto de que nos vemos como significativamente integrados a uma história na qual Deus veio a nós no passado, está vivendo sob nós no presente e virá para nos libertar no futuro. Mas quando nossa consciência história é rompida toda a mensagem cristã parece um sermão sobre os grandes pioneiros para alguém em uma viagem de ácido.

1.2 Ideologia fragmentada

Um dos aspectos mais surpreendentes da vida de Peter é a rapidez com que seu sistema de valores muda. Por muitos anos ele foi um seminarista muito rígido e obediente. Ia diariamente à missa, participava das muitas horas de orações comunitárias, atuava em uma equipe de liturgia e estudava com grande interesse, e até mesmo entusiasmo, os muitos textos teológicos em seus cursos.

Mas quando ele decidiu deixar o seminário e estudar em uma universidade não religiosa levou apenas poucos meses para abandonar seu antigo modo de viver. Ele deixou de ir à missa, mesmo aos domingos, e passa longas noites bebendo e jogando com outros estudantes, mora com uma namorada, adotou um campo de estudos muito distante de seus interesses teológicos e raramente fala de Deus ou religião.

E ainda mais surpreendente é que Peter não sente absolutamente nenhuma amargura em relação ao antigo seminário. Ele até visita regularmente seus amigos lá no seminário e tem boas lembranças de seus anos como homem religioso, mas a ideia de que esses seus dois estilos de vida não são muito coerentes não parece lhe ocorrer. Ambas as experiências são valiosas e têm seus lados bons e ruins, mas por que a vida deveria ser vivida a partir de apenas uma perspectiva, sob a orientação de apenas uma ideia e no interior de um quadro de referência imutável?

Peter não lamenta seus anos de seminário nem glorifica sua situação presente. Amanhã pode ser diferente outra vez. Quem sabe? Tudo depende das pessoas que se conhece, das experiências que se têm e das ideias e desejos que fazem sentido para o momento.

Pessoas que vivem na Idade Moderna, como Peter, não vivem com uma ideologia, mudando das formas fixas e totais de ideologia para fragmentos ideológicos mais fluidos. Um dos fenômenos mais visíveis do nosso tempo é a tremenda exposição das pessoas a ideias, tradições, convicções ideológicas e estilos de vida divergentes e muitas vezes contrastantes[4].

Por meio da mídia somos confrontados com as mais paradoxais experiências humanas. Somos confrontados não só com as tentativas mais dispendiosas e elaboradas de salvar a vida de uma pessoa por transplante de coração, mas também com a incapacidade do mundo em ajudar quando milhares de pessoas morrem por falta de comida. Somos confrontados não só com a capacidade humana de viajar para outro planeta, mas também com nossa irremediável impotência para pôr fim a uma guerra sem sentido neste planeta. Somos confrontados não só com discussões de alto nível sobre os direitos humanos e a moralidade cristã, mas também com as câmaras de tortura do Brasil [sic], Grécia e Vietnã. Somos confrontados não só com a incrível engenhosidade que pode construir barreiras, mudar leitos de rios e tornar férteis novas terras, mas também com terremotos, enchentes e tornados que podem arruinar em uma hora mais do que seres humanos podem construir em uma geração. Pessoas confrontadas com tudo isso e tentando entender não podem enganar a si mesmas com uma ideia, conceito ou sistema de pensamento que transformaria essas imagens contrastantes em uma perspectiva coerente da vida.

---

4 LIFTON, R.J. *Boundaries*. Nova York: Random House, 1970, p. 98.

"O extraordinário fluxo de influências culturais pós-modernas"[5] pede uma flexibilidade crescente daqueles que vivem na Idade Moderna, uma disposição para permanecerem abertos e viverem com os pequenos fragmentos que no momento parecem oferecer a melhor resposta a uma dada situação. Paradoxalmente, isso pode levar a momentos de grande euforia e exaltação, nos quais imergimos totalmente nas impressões flamejantes do nosso entorno imediato.

Aqueles que vivem na Idade Moderna não acreditam mais em nada que seja sempre e em todos os lugares verdadeiro e válido. Vivemos de hora em hora e criamos nossa vida no aqui e agora. Nossa arte é uma arte da colagem, uma arte que, através de uma combinação de peças divergentes, é uma breve impressão de como nos sentimos no momento. Nossa música é uma improvisação que combina temas de vários compositores formando algo novo, mas também momentâneo. Nossa vida muitas vezes se parece com expressões lúdicas de sentimentos e ideias que precisam ser comunicados e respondidos mas que não tentam agradar mais ninguém.

Essa ideologia fragmentada pode evitar que nos tornemos fanáticos dispostos a morrer ou a matar por uma ideia. Estamos sobretudo buscando experiências que nos deem um sentido de valor. Portanto, somos muito tolerantes, já que não vemos alguém com uma convicção diferente como uma

---

5 LIFTON, R.J. *History and Human Survival*. Op. cit., p. 318.

ameaça, mas antes como uma oportunidade de descobrir novas ideias e testar as nossas. Podemos ouvir com grande atenção um rabino, um ministro ou um padre sem considerar a aceitação de qualquer sistema de pensamento mas dispostos a aprofundar nosso próprio entendimento do que o experimentamos como parcial e fragmentário.

Quando nos sentimos incapazes de nos identificar com a mensagem cristã podemos nos perguntar se isso não se deve ao fato de que, para muitas pessoas, o cristianismo se tornou uma ideologia. Jesus, um judeu executado pelos líderes do seu tempo, muitas vezes é transformado em um herói cultural, reforçando os mais divergentes e frequentemente destrutivos pontos de vista ideológicos. Quando o cristianismo é reduzido a uma ideologia que tudo abarca, aqueles de nós que vivem na Idade Moderna tendem a ser céticos sobre sua relevância para nossa experiência de vida.

1.3 Uma busca por nova imortalidade

Por que Peter veio em busca de ajuda? Ele mesmo não sabia exatamente o que procurava, mas tinha um sentimento de confusão geral e onipresente. Ele perdera unidade e a direção em sua vida. Perdera os limites que podiam mantê-lo coeso e se sentia como um prisioneiro do presente, vagando da esquerda para a direita, incapaz de se decidir por uma rota definitiva.

Continuava estudando com um tipo de rotina obediente para dar a si mesmo a sensação de ter algo para fazer, mas passava os longos fins de semanas e os muitos feriados basicamente dormindo, fazendo amor e ficando à toa com os amigos, embalado por música e as imagens flutuantes da sua fantasia. Nada parecia urgente ou sequer importante o suficiente para justificar um envolvimento; nenhum projeto ou plano, nenhuma meta empolgante para alcançar, nenhuma tarefa premente para cumprir. Peter não estava dilacerado por conflitos, não estava deprimido, não tinha ideia suicida ou estava tomado por ansiedade. Não sofria de desespero, mas tampouco esperava por algo.

Essa paralisia o fez suspeitar de sua própria condição. Descobrira que nem mesmo a satisfação de seu desejo de abraçar, beijar e se entrelaçar na entrega de um ato amoroso havia criado a liberdade para se mover e dar novos passos adiante. Começou a se perguntar se o amor realmente bastava para nos manter vivos neste mundo e se, para sermos criativos, não precisamos encontrar um modo de transcender as limitações de sermos humanos.

Talvez possamos encontrar na história da vida de Peter eventos ou experiências que lancem alguma luz sobre sua apatia, mas parece igualmente válido ver a paralisia de Peter como a paralisia de todos os humanos na Idade Moderna que perderam a fonte de sua criatividade, que é seu senso de imortalidade. Quando não somos mais capazes de olhar além da nossa morte e nos relacionar com o que se estende além do tempo e espaço da nossa vida individual perdemos tanto nosso desejo de criar como o entusiasmo de sermos humanos. Portanto, quero olhar o problema de Peter como o das pessoas da Idade Moderna, que estão buscando novos modos de ser imortais.

Robert Lifton vê a ameaça ao nosso senso de imortalidade como o problema central para aqueles que vivem na Idade Moderna. Esse senso de imortalidade "representa uma ânsia imperiosa e universal de manter um senso interno de continuidade ao longo do tempo e espaço, com os vários elementos da vida"[6]. É "o modo de o homem experimentar sua conexão com toda a história humana". Mas, para aqueles que vivem na Idade Moderna, os modos tradicionais de imortalidade perderam seu poder conector.

Muitas pessoas sentem que não querem trazer filhos para este mundo autodestrutivo. Isso significa que o desejo de se perdurar nos filhos é extinto face ao possível fim da história. E por que deveríamos querer perdurar nas obras de nossas mãos quando um ataque atômico pode reduzi-las a cinzas em um segundo? Poderia, talvez, uma imortalidade animista possibilitar aos humanos perdurar na natureza? E como pode uma crença em um "além" ser uma resposta à busca por imortalidade quando praticamente não existe uma crença no "aqui"? Uma vida após a morte só pode ser

---

6 LIFTON, R.J. *Boundaries*. Op. cit., p. 330.

pensada em termos de vida antes dela, e ninguém pode sonhar com uma nova terra quando não existe uma velha terra para sustentar qualquer promessa.

Nenhuma forma de imortalidade - nem a imortalidade por meio dos filhos, nem a imortalidade por meio das obras, nem a imortalidade por meio da natureza, nem a imortalidade no céu - pode nos ajudar a nos projetar além das limitações desta existência humana.

Portanto, certamente não é surpresa que os que vivem na Idade Moderna não consigam encontrar uma expressão adequada de sua experiência em símbolos como inferno, purgatório, céu, além, ressurreição, paraíso e Reino de Deus.

Uma pregação e um ensino ainda baseados na suposição de que estamos a caminho de uma nova terra cheia de promessas e que as atividades criativas neste mundo são os primeiros sinais do que vamos ver no além não podem encontrar uma caixa de ressonância em alguém cuja mente está refletindo sobre os potenciais suicidas de nosso próprio mundo.

Isso nos traz ao fim da nossa descrição dos que vivem na Idade Moderna. Peter foi nosso modelo. Vimos seu deslocamento histórico, sua ideologia fragmentada e sua busca por um novo modo de imortalidade. Obviamente, o nível de consciência e visibilidade é diferente em pessoas diferentes, mas espero que você seja capaz de reconhecer em suas próprias experiências e nas experiências de seus amigos alguns dos traços que são tão visíveis no estilo de vida de Peter. E espero que esse reconhecimento também possa ajudar todos nós a perceber que o cristianismo está sendo radicalmente desafiado a se adaptar para ser entendido pelo mundo moderno.

2 O caminho da humanidade para a libertação

Quando você reconhece a humanidade moderna entre seus colegas, amigos e parentes, e talvez até mesmo em suas próprias autorreflexões, não pode evitar perguntar se não há um caminho de libertação e liberdade para esse novo tipo de ser humano. Mais importante do que construir respostas não testadas, que tendem a criar mais irritação do que conforto, podemos ser capazes de descobrir, em meio à confusão e estagnação presentes, novas trilhas que apontem em direções auspiciosas.

Quando olhamos ao redor vemos humanos paralisados pelo deslocamento e a fragmentação, capturados na prisão da nossa própria mortalidade. No entanto, também vemos estimulantes experimentos de vida pelos quais as pessoas tentam se libertar das cadeias da nossa difícil situação, transcender nossa condição mortal, ir além de nós mesmos e experimentar a fonte de uma nova criatividade.

Meu próprio envolvimento nas convulsões e dores dos que vivem na Idade Moderna leva-me a suspeitar que há dois caminhos principais pelos quais tentamos sair de nossos casulos e voar: o caminho místico e o caminho revolucionário. Ambos os caminhos podem ser considerados modos de "transcendência experiencial"[7] e ambos parecem abrir novas perspectivas e sugerir novos estilos de vida. Portanto, deixem-me descrever esses dois caminhos e depois mostrar como estão inter-relacionados.

2.1 O caminho místico

O caminho místico é o caminho interior[8]. As pessoas tentam encontrar em sua vida interna uma conexão com a "realidade do invisível", "a fonte do ser", "o ponto do silêncio". Lá elas descobrem que aquilo que é mais pessoal é mais universal. Além das camadas superficiais das idiossincrasias, diferenças psicológicas e traços de caráter individuais encontram um centro a partir do qual podem abraçar todos os outros seres ao mesmo tempo e experimentar conexões significativas com tudo o que existe.

Muitas pessoas que fizeram viagens arriscadas de drogas e voltaram incólumes delas falaram sobre sensações durante as quais elas temporariamente ultrapassaram sua alienação,

---

7 LIFTON, R.J. *History and Human Survival*. Op. cit., p. 330.

8 Cf. ROGERS, C. *On Becoming a Person*. Nova York: Houghton Mifflin, 1961, p. 26.

sentiram uma proximidade íntima com o poder misterioso que une todos nós e chegaram a uma visão libertadora do que se encontra além da morte. O crescente número de casas de meditação, concentração, contemplação e também os muitos novos centros zen e de ioga mostram que estamos tentando alcançar um momento, um ponto ou um centro no qual a distinção entre vida e morte pode ser transcendida e que uma conexão profunda com toda a natureza, bem como com toda a história, pode ser experimentada.

Seja como for que tentemos definir esse modo de "transcendência experiencial" parece que em todas as suas formas estamos tentando transcender nosso ambiente mundano e nos afastar um, dois, três ou mais níveis das irrealidades da existência cotidiana rumo a uma visão mais abrangente que nos permita experimentar o que é real. Nessa experiência podemos ultrapassar nossa apatia e alcançar correntes profundas de vida.

Lá sentimos que pertencemos a uma história da qual não sabemos nem o começo nem o fim, mas na qual temos um lugar único. Ao criar distância das irrealidades das nossas ambições e desejos a humanidade pode ultrapassar o círculo vicioso das profecias autocumpridas que nos fazem sofrer por nossas previsões mórbidas.

Lá entramos em contato com o centro da nossa própria criatividade e encontramos força para nos recusarmos a nos tornar vítimas passivas de nossa própria futurologia.

Lá experimentamos a nós próprios não mais como indivíduos isolados, presos na cadeia diabólica de causa e efeito, mas como seres capazes de transcender as cercas da nossa própria condição e se estender muito além das preocupações do ego. Lá tocamos o lugar onde todas as pessoas são reveladas como iguais e onde a compaixão se torna uma possibilidade humana. Lá chegamos à percepção chocante, mas ao mesmo tempo evidente, de que a oração não é uma decoração devota da vida, mas o alento da existência humana.

2.2 O caminho revolucionário

Mas há um segundo caminho que está se tornando visível na Idade Moderna. É o caminho revolucionário de transcender nossa condição humana. Aqui as pessoas se conscientizam de que a escolha não é mais entre nosso mundo atual ou um mundo melhor, mas entre um novo mundo ou nenhum mundo. É o caminho daqueles que dizem: "A revolução é melhor do que o suicídio".

Tais pessoas estão profundamente convencidas de que nosso mundo caminha para a beira do penhasco, que Auschwitz, Hiroshima e My Lai são apenas alguns dos muitos nomes que mostram como nos exterminamos com nossas próprias invenções tecnológicas absurdas. Para elas, nenhuma adaptação, reforma ou adição podem mais ajudar. Para elas, os liberais e progressistas estão se enganando ao tentar tornar uma situação intolerável um pouco mais tolerável.

Elas estão cansadas de podar árvores e aparar galhos; querem arrancar as raízes de uma sociedade doente. Não acreditam mais que diálogos sobre integração, medidas corporativas contra a poluição, o Corpo da Paz, programas antipobreza e legislação em defesa dos direitos civis salvarão um mundo dominado pela extorsão, opressão e exploração. Apenas uma reviravolta total e radical da ordem existente, junto com uma drástica mudança de direção, pode evitar o fim de tudo.

Mas, enquanto visam uma revolução, essas pessoas não são motivadas apenas pelo desejo de libertar os oprimidos, aliviar os pobres e acabar com as guerras. Enquanto no passado a escassez levava as pessoas à revolta, os revolucionários de hoje veem as necessidades urgentes e imediatas daqueles que sofrem como parte de uma cena apocalíptica muito maior, na qual a própria sobrevivência da humanidade está em jogo. Sua meta não é um ser humano melhor, mas um ser humano novo; um ser humano que se relaciona consigo mesmo e com o mundo de modos ainda inexplorados, mas que pertencem aos nossos potenciais ocultos.

A vida desses novos humanos não é comandada pela manipulação e apoiada por armas, mas é comandada pelo amor e apoiada por novos modos de comunicação interpessoal. Esses novos humanos, contudo, não se desenvolvem a partir de um processo de evolução autoguiado. Podem ou não podem vir a existir. Talvez já seja tarde demais. Talvez as tendências suicidas, visíveis no crescente desequilíbrio na cultura e também na natureza, tenham chegado ao ponto em que não há mais volta.

Ainda assim, os revolucionários acreditam que a situação não é irreversível e que uma total reorientação da humanidade é tão possível quanto sua total autodestruição. Eles não acham que suas metas serão atingidas em poucos anos ou nem mesmo em algumas gerações, mas baseiam seu compromisso na convicção de que é melhor dar a vida do que tirá-la e que o valor de nossas ações não depende de seus resultados imediatos. Pautam-se pela visão de um novo mundo e se recusam a ser distraídos pelas ambições triviais do momento. Assim, transcendem sua condição presente e passam de um fatalismo passivo para um ativismo radical.

2.3 O caminho cristão

Há um terceiro caminho, um caminho cristão? É minha crescente convicção de que em Jesus os caminhos místico e revolucionário não são opostos, mas dois lados do mesmo modo humano de transcendência experiencial. Estou cada vez mais convencido de que a conversão é o equivalente individual da revolução. Portanto, todo verdadeiro revolucionário é desafiado a ser um místico em seu íntimo, e aquele que percorre o caminho místico é chamado a desmascarar o caráter ilusório da sociedade humana.

O misticismo e a revolução são dois aspectos da mesma tentativa de produzir mudança radical. Os místicos não podem impedir de se tornarem críticos sociais, já que na autorreflexão encontrarão as raízes de uma sociedade doente. Da mesma forma, os revolucionários não podem evitar encarar sua própria condição humana, já que em meio à sua luta por um mundo novo descobrirão que também estão combatendo seus próprios medos reacionários e falsas ambições.

Tanto místicos como revolucionários precisam se livrar de suas necessidades egoístas de uma existência segura e protegida e enfrentar sem medo a condição miserável de si mesmos e de seu mundo. Certamente não é surpresa que os grandes líderes revolucionários e os grandes contemplativos do nosso tempo se encontrem em sua preocupação comum de libertar aqueles que vivem na idade moderna de sua paralisia.

A personalidade deles pode ser bem diferente, mas mostra a mesma visão que leva a uma radical autocrítica e também a um ativismo radical. Essa visão é capaz de restaurar a "conexão partida" (Lifton) com passado e futuro, trazer unidade a uma ideologia fragmentada e se estender além dos limites do eu mortal. Essa visão pode oferecer uma distância criativa de nós mesmos e do nosso mundo, ajudando-nos a transcender os muros limitantes da nossa condição humana.

Para o místico, bem como para o revolucionário, a vida significa romper o véu que cobre nossa existência humana e seguir a visão que se tornou manifesta para nós. Não importa como chamemos essa visão: "O Sagrado", "O Noumenon", "O Espírito" ou "O Poder Superior"; ainda acreditamos que a conversão e a revolução derivam seu poder de uma fonte além das limitações de nossa própria condição de criaturas.

Para um cristão, Jesus é aquele em quem de fato se tornou manifesto que revolução e conversão não podem ser separadas na busca humana pela transcendência experiencial. Seu surgimento em nosso meio tornou inegavelmente claro que mudar o coração e a sociedade humanas não são tarefas separadas, mas estão tão interconectadas como as duas barras da cruz.

Jesus foi um revolucionário que não se tornou um extremista, já que não ofereceu uma ideologia, mas a si mesmo. Ele era também um místico, que não usou sua relação íntima com Deus para evitar os males sociais do seu tempo, mas chocou seu meio a ponto de ser executado como um rebelde. Nesse sentido, Ele também permanece para a humanidade moderna como o caminho para a libertação e a liberdade.

Conclusão

Vimos que a condição dos que vivem na Idade Moderna é caracterizada pelo deslocamento histórico, a ideologia fragmentada e a busca pela imortalidade. Descobrimos o caminho místico assim como o revolucionário, pelos quais tentamos ir além de nós mesmos. E, finalmente, vimos que, para os cristãos, foi o Jesus humano que tornou manifesto que esses dois caminhos não constituem uma contradição, mas são verdadeiramente dois lados do mesmo modo de transcendência experiencial.

Suponho que você hesitará em se considerar um místico ou um revolucionário, mas quando tiver olhos para ver e ouvidos para ouvir irá reconhecê-los em seu meio. Às vezes eles são inegavelmente evidentes a ponto de irritar; outras vezes apenas parcialmente visíveis.

Você os encontrará nos olhos de guerrilheiros, de jovens radicais ou de mulheres levando cartazes de protesto. Você os perceberá nos calmos sonhadores tocando violão no canto de um café, na voz suave dos monges, no sorriso melancólico de estudantes se concentrando em sua leitura. Você os verá em mães que permitem que seus filhos sigam seus próprios caminhos difíceis, nos pais que leem um livro estranho para seus filhos, no riso de meninas, na indignação de jovens rebeldes e na determinação de manifestantes. Irá encontrá-los em sua própria cidade, em sua própria família e mesmo nas lutas do seu próprio coração, porque eles estão em todos os que extraem força da visão que desponta no horizonte de nossa vida e todos a um mundo novo.

É esse mundo novo que preenche nossos sonhos, guia nossas ações e nos faz seguir em frente, a um grande risco, com a crescente convicção de que um dia finalmente seremos livres – livres para amar!

II
Ministério para as gerações desenraizadas

Olhando nos olhos do fugitivo

Introdução

Para dar o tom para uma discussão sobre o ministério cristão no mundo de hoje eu gostaria de começar com uma curta fábula.

> Um dia um jovem fugitivo, tentando se esconder do inimigo, entrou em um pequeno vilarejo. O povo foi bondoso com ele e lhe ofereceu um lugar para ficar. Mas quando os soldados que procuravam o fugitivo perguntaram onde ele estava escondido todos ficaram com muito medo. Os soldados ameaçaram queimar o vilarejo e matar todos os habitantes, a não

> ser que o rapaz fosse entregue a eles antes do amanhecer. O povo procurou o ministro e lhe perguntou o que fazer.
>
> O ministro, dividido entre entregar o homem ao inimigo e ver seu povo morto, retirou-se para seu quarto e leu sua Bíblia, esperando encontrar uma resposta antes do alvorecer. Depois de muitas horas, no início da manhã, seus olhos resvalaram nessas palavras: "É melhor que um homem morra do que perder o povo todo".
>
> Então, o ministro fechou a Bíblia, chamou os soldados e lhes disse onde o fugitivo estava escondido. E depois que os soldados levaram o rapaz para ser morto houve um banquete no vilarejo porque o ministro havia salvado a vida do povo.
>
> Mas o ministro não comemorou. Tomado por uma profunda tristeza, permaneceu em seu quarto. Naquela noite um anjo o visitou e perguntou: "O que você fez?" Ele disse: "Eu entreguei o fugitivo para o inimigo". Então, o anjo disse: "Mas você não sabe que entregou o Messias?" "Como eu poderia saber?", o ministro perguntou, angustiado. E o anjo disse: "Se em vez de ler sua Bíblia você tivesse visitado o rapaz uma só vez e olhado em seus olhos, você teria sabido".

Versões dessa história são muito antigas, mas ainda parece a mais moderna das fábulas. Como o ministro, que poderia ter reconhecido o Messias se tivesse desviado o olhar de sua

Bíblia para os olhos do rapaz, somos desafiados a olhar para os olhos dos jovens e das jovens de hoje que estão voltando as costas para nossas maneiras cruéis. Talvez isso baste para nos impedir de entregá-los ao inimigo e nos permita guiá-los para fora de seus esconderijos e até o meio do povo, onde possam nos redimir de nossos medos.

Parece, então, que estamos diante de duas questões. Primeira, como os homens e mulheres do amanhã são hoje? E segunda, como podemos guiá-los ao lugar a partir do qual possam redimir seu povo?

1 Os homens e as mulheres do amanhã

Se os homens e mulheres dos anos de 1950 podiam ser considerados membros anônimos da "multidão solitária" de David Riesman[9], seus descendentes modernos são filhos da multidão solitária. Quando olhamos para os olhos dos jovens podemos captar um vislumbre de pelo menos uma sombra do seu mundo solitário.

Portanto, a liderança cristã deve ser moldada pelo menos por três das características que os descendentes da multidão solitária compartilham: interiorização, ausência de pai e estado convulsivo. O novo ministro deve considerar muito

---

9 RIESMAN, D.; GLAZER, N. & DENNEY, R. *The Lonely Crowd*: A Study of the Changing American Character. New Haven: Yale University Press, 1950.

seriamente essas características e considerá-las cuidadosamente durante a reflexão e o planejamento.

Vamos chamar essas gerações de gerações interiorizadas, gerações sem pai e gerações convulsivas, examinando suas características para entender melhor os homens e mulheres contemporâneos.

1.1 As gerações interiorizadas

Em um estudo sobre estudantes universitários, publicado em outubro de 1969, Jeffrey K. Hadden sugeriu que a melhor frase para caracterizar esses/as jovens era "a geração interiorizada". Era a geração que dava absoluta prioridade ao nível pessoal e tendia, de modo notável, a se retirar em si mesma. Isso pode surpreender aqueles que acham que a juventude daquela época era extremamente ativista, manifestantes portando cartazes, que promoviam passeatas, sentavam-se em protesto, promoviam invasões e ocupações por todo o país e pensavam em si mesmos em muitos termos, mas nunca em termos de interiorização.

Contudo, as primeiras impressões nem sempre são as corretas. Deixe-me descrever um acontecimento em um famoso centro jovem em Amsterdã. Esse centro, chamado Fantasio, atraía milhares de jovens do mundo todo por sua atmosfera psicodélica e onírica.

O Fantasio era dividido em muitos cômodos pequenos, aconchegantes e com pinturas psicodélicas. Jovens com barba e cabelo compridos, com roupas coloridas compostas a partir de velhos trajes litúrgicos, permaneciam lá placidamente fumando seus baseados, cheirando seu incenso, cativados pelos ritmos de *rock* que penetravam a carne e o sangue.

Mas então as coisas mudaram. Os jovens líderes jogaram fora todos os estímulos psicodélicos, transformaram seu centro em um lugar muito sóbrio e mais ou menos severo, e mudaram o nome do centro de Fantasio para Centro de Meditação do Kosmos. Na primeira edição do seu jornal eles escreveram: "Cortem seu cabelo comprido, livrem-se da barba, vistam roupas simples porque agora as coisas vão ser sérias". "Concentração", "contemplação" e "meditação" tornaram-se as palavras-chave do lugar. Iogues davam aulas de controle corporal, as pessoas se sentavam e conversavam muitas horas sobre Chuang-tzu e os místicos orientais, e todos basicamente começaram a tentar encontrar a estrada que leva para dentro.

Podemos tender a descartar o comportamento do grupo como o tipo de excentricidade periférica encontrado em toda sociedade moderna. Mas Jeffrey K. Hadden mostra que esse comportamento é um sintoma de algo muito mais geral, muito mais básico e muito mais influente. É o comportamento de pessoas que estão convencidas de que não há nada "lá fora" ou "lá em cima" de que possam ter uma percepção sólida, que possa tirá-los da incerteza e confusão. Nenhuma autoridade, nenhuma instituição, nenhuma outra realidade externa têm o poder de aliviá-los de sua angústia e solidão, libertando-os. Portanto, o único caminho é o caminho para dentro. Se não há nada "lá fora" ou "lá em cima", talvez haja algo significativo, algo sólido "lá dentro". Talvez algo profundo no eu mais pessoal deles detenha a chave para o mistério do sentido, liberdade e unidade.

O sociólogo alemão Shelsky fala de nosso tempo como um tempo de reflexão contínua. Em vez de uma autoridade óbvia nos dizendo como pensar e o que fazer, essa reflexão contínua entrou no centro da nossa existência. Dogmas são as realidades ocultas que os humanos têm de descobrir em sua consciência interior como fontes de autoentendimento. A mente moderna, diz Shelsky, está num estado de constante autorreflexão, tentando penetrar cada vez mais profundamente no âmago de sua própria individualidade.

Mas para onde isso nos leva? Que tipo de pessoas esse pensamento voltado para dentro, autorreflexivo produz? Jeffrey K. Hadden escreve:

> A perspectiva é tanto nefasta como promissora. Se se voltar para dentro para descobrir o eu é apenas um passo para se tornar uma pessoa sensível e honesta, a fé irrestrita da nossa sociedade na juventude pode se revelar justificada. No entanto, a presente atmosfera e forma da interiorização não parece limita-

> da por nenhuma norma social ou tradição e quase destituída da noção de exercitar a responsabilidade em relação aos outros[10].

Jeffrey K. Hadden é o último a sugerir que as gerações interiorizadas estão em vias de revitalizar a vida contemporânea, prestes a iniciar novas formas de vida monástica. Seus dados mostram, para começar, que a interiorização pode levar a um tipo de privatismo, que não é somente antiautoritário e anti-institucional, mas muito centrado em si, extremamente interessado em conforto material e na satisfação imediata das necessidades e dos desejos.

Mas a interiorização não precisa levar a esse privatismo. É possível que a nova realidade descoberta no mais profundo eu possa ser "convertida em um compromisso de transformar a sociedade". A interiorização das novas gerações pode levar ou a um nível mais alto de hipocrisia ou à descoberta da realidade invisível que pode colaborar para um mundo melhor. O caminho que tomar dependerá em grande medida do tipo de ministério oferecido às gerações interiorizadas.

1.2 Gerações sem pai

Os muitos que chamam a si mesmos de pai ou se permitem ser chamados de pai, do Santo Padre aos muitos abades, aos milhares de padres-pais, deveriam saber que o último

---

10 HADDEN, J.K. *Psychology Today*, out./1969.

a ser ouvido é o pai. Estamos diante de gerações que têm genitores, mas não pais; gerações para quem todos aqueles que reivindicam autoridade – porque são mais velhos, mais maduros, mais inteligentes ou mais poderosos – são suspeitos desde o começo.

Houve um tempo – e de vários modos vemos os últimos movimentos espasmódicos desse tempo ainda à nossa volta – no qual nossa identidade, personalidade e poder eram dados por um pai, de cima. Eu sou bom quando ele, que está acima de mim, dá-me um tapinha no ombro. Sou inteligente quando recebo uma boa nota de um desses pais. Sou importante quando estudo em uma famosa universidade como o filho intelectual de um famoso professor. Resumindo, eu sou quem um dos meus muitos pais consideram que eu seja.

Poderíamos ter previsto que as novas gerações rejeitariam isso, visto que já aceitamos que o valor humano não depende do que nos é dado por pais, mas do que fazemos de nós mesmos. Poderíamos ter esperado isso, já que dissemos que a fé não é a aceitação de tradições seculares, mas uma atitude que cresce a partir de dentro. Poderíamos ter antecipado isso desde que começamos a dizer que os humanos são livres para escolher seu próprio futuro, seu próprio trabalho, seu próprio cônjuge.

Hoje, vendo que todo o mundo adulto e paterno se encontra impotente diante da ameaça de uma guerra atômica, da pobreza corrosiva e da fome de milhões, homens e mulheres modernos veem que nenhum pai tem nada a lhes ensinar simplesmente pelo fato de ter vivido mais tempo. Um grupo de *rock* inglês brada:

> O muro onde os profetas escreveram
> está rachando nas emendas.
> Sobre o instrumento da morte
> o sol brilha intensamente.
> Quando todo homem é dilacerado
> por pesadelos e por sonhos
> ninguém depositará a coroa de louros
> enquanto o silêncio afoga os gritos?[11]

É isso que as gerações modernas estão vendo, e sabem que não podem esperar nada do alto. Jovens olhando para o mundo adulto dizem:

> Estou do lado de fora olhando para dentro.
> O que eu vejo?
> Muita confusão desilusão
> ao meu redor.
>
> Você não me possui,
> não me impressiona,
> só perturba minha mente,
> não pode me instruir ou conduzir,
> só gasta meu tempo[12].

---

11 Techos da letra de *Epitaph*, de King Crimson [Letra e música de Robert Fripp, Ian McDonald, Greg Lake, Michael Giles e Peter Sinfield].

12 Trechos da letra de *I Talk to the Wind*, de King Crimson [Letra e música de Ian McDonald e Peter Sinfield].

A única coisa que resta é tentar sozinho, sem sentir orgulho ou desprezo pelos pais, dizendo-lhes que vão se sair melhor, mas com um medo profundo do completo fracasso. Mas preferem o fracasso do que acreditarem naqueles que já falharam diante de seus olhos. Eles se reconhecem nas palavras de uma canção moderna:

> A confusão será meu epitáfio
> enquanto rastejo por uma trilha rachada e partida.
> Se chegarmos, poderemos todos relaxar e rir.
> Mas temo que amanhã eu vou chorar.
> Sim, eu temo que amanhã eu vou chorar[13].

Mas as gerações temerosas que rejeitam pais e muitas vezes rejeitam a legitimidade de toda pessoa ou instituição que reivindica autoridade enfrentam um novo perigo, o de se tornarem cativas delas mesmas. David Riesman diz: "Enquanto a autoridade adulta se desintegra, os jovens são cada vez mais cativos uns dos outros... Quando o controle adulto desaparece, o controle mútuo dos jovens se intensifica"[14].

Em vez do pai, o colega se torna o padrão. Muitos jovens que estão completamente indiferentes pelas demandas, expectativas e queixas dos chefões do mundo adulto mostram uma escrupulosa sensibilidade pelo que seus colegas sentem, pensam e dizem sobre eles. Ser considerados párias ou desistentes pelos adultos não os preocupa, mas ser excomungados

---

13 Trechos da letra de *Epitaph*. Op. cit.

14 RIESMAN, D. *Psychology Today*, out./1969.

pelo pequeno círculo de amigos ao qual querem pertencer pode ser uma experiência insuportável.

Muitos jovens podem até se tornarem escravizados pela tirania dos colegas. Enquanto parecem indiferentes, irreverentes e até sujos para os mais velhos, sua indiferença muitas vezes é cuidadosamente calculada, sua irreverência cuidadosamente estudada no espelho e sua aparência suja baseada em uma detalhada imitação de seus amigos.

Mas a tirania dos pais não é igual à tirania dos colegas. Rejeitar a primeira significa desobediência; rejeitar a segunda, não conformidade. Rejeitar a primeira cria sentimentos de culpa; rejeitar a segunda, sentimentos de vergonha. Nesse aspecto, há uma óbvia mudança de uma cultura baseada na culpa para uma cultura baseada na vergonha.

Essa mudança tem consequências muito profundas, pois se a juventude não aspira mais a se tornar adulta e tomar o lugar dos pais, e se a principal motivação é a conformidade ao grupo de colegas, podemos testemunhar a morte de uma cultura orientada para o futuro, ou – para usar um termo teológico – o fim da escatologia.

Então, não testemunhamos mais nenhum desejo de deixar o lugar seguro e viajar para a casa do Pai, que tem tantos cômodos; nenhuma esperança de atingir a terra prometida ou ver Aquele que espera pelo filho pródigo, nenhuma ambição de sentar à direita ou à esquerda do trono celeste. Então, ficar em casa, andar na linha e estar por cima em seu pequeno grupo torna-se a meta mais importante da vida. Mas isso também é um voto absoluto no *status quo*.

Esse aspecto das gerações modernas suscita sérias questões para a liderança cristã. Mas teremos uma visão muito unilateral como base para essa liderança se antes não examinarmos cuidadosamente o terceiro aspecto das gerações modernas chamado estado convulsivo.

1.3 As gerações convulsivas

A interioridade e a ausência de pais das gerações modernas poderiam nos levar a esperar um mundo muito tranquilo e satisfeito no qual as pessoas se recolhem em si mesmas e tentam se conformar aos seus próprios pequenos grupos. Mas precisamos levar em conta o fato de que esses atributos estão intimamente relacionados a uma infelicidade muito profunda com a sociedade contemporânea.

Muitas pessoas estão convencidas de que há algo terrivelmente errado com o mundo em que vivem, e sentem que a cooperação com modelos existentes de viver constitui um tipo de traição do eu. Por toda parte, vemos pessoas nervosas e inquietas, incapazes de se concentrar e muitas vezes sofrendo de uma crescente depressão. Sabem que o que é não devia ser do modo que é, mas não veem nenhuma alternativa viável. Assim, estão sobrecarregadas de frustração, que muitas vezes se expressa em violência sem direção e sem propósito ou em afastamento suicida do mundo, ambos sinais mais de protesto do que dos resultados de um ideal recém-descoberto.

Imediatamente após a rendição do esgotado Estado de Biafra, dois colegiais na França - Robert, de 19 anos, e Regis, de 16 anos - morreram ateando fogo neles mesmos e instaram muitos colegas a fazer o mesmo. Entrevistas com seus pais, pastores, professores e amigos revelaram o fato aterrorizador de que esses dois sensíveis estudantes haviam se sentido tão aflitos com a miséria irremediável do mundo e com a incapacidade dos adultos de oferecer qualquer fé real em um mundo melhor, que escolheram incendiar seus corpos como supremo modo de protesto.

Para chegar a um entendimento melhor dos sentimentos subjacentes desses estudantes deixe-me citar um trecho da carta de um jovem que parara de estudar e ainda tentava encontrar um mundo novo. Ele escreveu para sua mãe em 1º de janeiro de 1970.

> A sociedade me obriga a viver uma vida sem liberdade, a aceitar valores que não são valores para mim. Eu rejeito a sociedade como existe hoje como um todo, mas visto que sinto compaixão por pessoas vivendo juntas, tento buscar alternativas. Dei a mim mesmo a obrigação de me conscientizar do que significa ser um homem e buscar a fonte da vida. As pessoas da igreja chamam-na de "Deus". Você vê que

> estou percorrendo uma estrada difícil para me realizar, mas estou orgulhoso por raramente ter feito o que os outros esperavam que eu fizesse para ter um chamado "desenvolvimento normal". Eu realmente espero não terminar como um "quadrado", acorrentado a costumes, tradições e às conversas dos vizinhos...

Essa carta me parece uma expressão muito sensível do que muitos jovens sentem. Eles compartilham uma infelicidade fundamental com seu mundo e um forte desejo de trabalhar para a mudança, mas duvidam profundamente que se sairão melhor do que seus pais, e lhes falta quase completamente todo tipo de visão ou perspectiva. Dentro desse quadro acho que muito do comportamento errático e sem direção é compreensível. Aqueles que se sentem presos como um animal em uma armadilha podem ser perigosos e destrutivos devido a seus movimentos sem direção causados por seu próprio pânico.

O comportamento convulsivo muitas vezes é malcompreendido por aqueles que têm poder e acham que a sociedade deve ser protegida da juventude protestadora. Não reconhecem a tremenda ambivalência por trás de muito desse comportamento convulsivo e, em vez de oferecer oportunidades criativas, tendem a polarizar a situação e alienar ainda mais aqueles que estão de fato apenas tentando descobrir o que vale a pena e o que não vale.

Da mesma forma, adultos solidários podem interpretar mal os motivos dos jovens. Riesman, em um artigo sobre estudantes radicais no *campus*, escreve que muitos

> [...] adultos temem que os achem antiquados ou quadrados e, tomando o partido dos jovens radicais sem ver a própria ambivalência desses últimos, muitas vezes não os ajudam, mas contribuem para a severidade das pressões do grupo de colegas. E prevejo que alguns professores que se consideraram grandes apoiadores dos estudantes irão se juntar à reação quando muitos estudantes deixarem de retribuir e forem especialmente hostis em relação aos professores permissivos que no passado estiveram do lado deles[15].

Então, as gerações modernas estão desesperadamente procurando uma visão, um ideal ao qual se dedicarem – uma "fé", se preferir. Mas suas ações e linguagem paroxísticas são muitas vezes mal-entendidas e consideradas mais uma ameaça do que um apelo por modos alternativos de vida.

Interioridade, ausência de pai e estado convulsivo: essas três características das pessoas modernas desenham as primeiras rugas nos rostos das gerações futuras. Agora estamos prontos para perguntar o que se espera daqueles que aspiram a ser líderes cristãos no mundo de amanhã.

---

15 Ibid.

2 Os líderes do amanhã

Quando analisamos as implicações de nosso prognóstico para o ministério cristão do futuro parece que três papéis pedem especial atenção: (1) o líder como articulador de eventos internos; (2) o líder como compassivo e (3) o líder como crítico contemplativo.

2.1 O ministro como articulador de eventos internos

Aqueles direcionados para a interioridade se deparam com uma nova e muitas vezes dramática tarefa: confrontar-se com seu *tremendum* interior. Como o Deus "lá em cima" ou "lá fora" está mais ou menos dissolvido nas muitas estruturas seculares, o Deus interno exige atenção como nunca antes. E assim como o Deus externo pode ser experimentado não só como um pai amoroso mas também como um horrível demônio, o Deus interno pode ser não só a fonte de uma nova vida criativa, mas também a causa de confusão caótica.

A maior queixa dos místicos espanhóis Santa Teresa D'Ávila e São João da Cruz era que lhes faltava um guia espiritual que os levasse pelos caminhos certos e lhes permitisse distinguir entre espíritos criativos e destrutivos. Não precisamos enfatizar o quanto a experimentação com a vida interior pode ser perigosa. Drogas, bem como diferentes práticas de concentração e recolhimento no eu, frequentemente fazem mais mal do que bem. Por outro lado, também está se tornando óbvio que aqueles que evitam o doloroso encontro com o invisível estão condenados a viver uma vida arrogante, superficial e entediante.

Portanto, a primeira e mais básica tarefa exigida dos ministros contemporâneos é esclarecer a imensa confusão que pode surgir quando as pessoas entram nesse mundo interno. É um fato efetivamente doloroso perceber o quão mal preparados a maioria dos líderes cristãos se revela quando eles são convidados a ser líderes espirituais no sentido verdadeiro. A maioria está acostumada a pensar em termos de organização de grande escala, reunir pessoas em igrejas, escolas e hospitais e comandar o *show* como diretores de circo. Eles passaram a estranhar e até mesmo temer um pouco os profundos e significativos movimentos do espírito. É possível que a Igreja possa ser acusada de ter falhado em sua tarefa mais básica: oferecer às pessoas modos criativos de se comunicarem com a fonte da vida humana.

Mas como podemos evitar esse perigo? Penso que a única maneira é encontrar coragem para entrar no âmago da nossa própria existência e se familiarizar com as complexidades de nossa vida interna. Assim que nos sentimos em casa em nosso próprio lar descobrimos os cantos escuros bem como os pontos claros, as portas fechadas bem como as salas arejadas; nossa confusão se evapora, nossa ansiedade diminui e somos capazes de trabalho criativo.

A palavra-chave aqui é “articulação”. Aqueles que podem articular os movimentos de sua vida interna, que podem dar nomes a suas variadas experiências não precisam mais ser vítimas de si mesmos, mas são capazes lenta e consistentemente de remover os obstáculos que impedem que o Espírito entre. São capazes de criar espaço para o Espírito, cujo coração é maior do que o deles mesmos, cujos olhos veem mais do que os deles e cujas mãos podem curar mais do que as deles.

Acredito que essa articulação é a base para uma liderança espiritual do futuro, porque apenas aqueles capazes de articular suas próprias experiências podem se oferecer aos outros como fontes de clarificação. Portanto, os líderes cristãos são, em primeiro lugar, aqueles que estão dispostos a colocar sua própria fé articulada à disposição daqueles que pedem ajuda. Nesse sentido, são servos de servos, porque são os primeiros a entrar na terra prometida mas perigosa, os primeiros a dizer àqueles que têm medo o que eles próprios viram, ouviram e tocaram.

Isso pode soar extremamente teórico, mas as consequências concretas são óbvias. Em praticamente todas as funções sacerdotais, como orientações pastorais, pregação, ensino e liturgia, o ministro tenta ajudar pessoas a reconhecer a obra de Deus nelas mesmas. O líder cristão, ministro ou padre, não é aquele que revela Deus às pessoas – que dá algo àqueles que não têm nada –, mas quem ajuda aqueles que buscam descobrir a realidade como a fonte de sua existência. Nesse sentido, podemos dizer que o líder cristão leva os humanos à confissão no sentido clássico da palavra: à afirmação básica de que humanos são humanos e de que Deus é Deus, e que sem Deus os humanos não podem ser chamados como tal.

Nesse contexto, a orientação pastoral não é meramente um uso habilidoso de técnicas conversacionais para manipular as pessoas a entrar no Reino de Deus, mas um profundo encontro humano no qual as pessoas estão dispostas a colocar sua própria fé e dúvida, sua própria esperança e desespero, sua própria luz e escuridão à disposição de outros que querem encontrar um caminho por meio da confusão e tocar o núcleo sólido da vida.

Nesse contexto, pregar significa mais do que transmitir uma tradição; é sobretudo a articulação cuidadosa e sensível do que está acontecendo na comunidade, possibilitando aos que ouvem poderem dizer: "Você diz o que eu apenas suspeitava, você expressa claramente o que eu sentia vagamente, você traz à tona o que eu temerosamente mantinha no fundo da minha mente. Sim, sim, você diz quem nós somos, reconhece nossa condição".

Quando alguém que ouve é capaz de dizer isso, então o terreno está aberto para que outros recebam a Palavra de Deus. E nenhum ministro precisa duvidar de que a Palavra será recebida! Os jovens, especialmente, não precisam fugir de seus medos e esperanças, mas podem ver a si mesmos no rosto daquele que os guia; o ministro os fará entender as palavras da salvação, que no passado muitas vezes lhes soavam como palavras de um mundo estranho e desconhecido.

Ensinar nesse contexto não significa contar a velha história repetidas vezes, mas oferecer canais por meio dos quais as pessoas possam descobrir a si mesmas, clarificar suas próprias experiências e encontrar os nichos nos quais a Palavra de Deus pode se enraizar. E, finalmente, nesse contexto a liturgia é muito mais do que ritual. Ela pode se tornar uma verdadeira celebração quando o líder litúrgico é capaz de nomear o espaço no qual alegria e tristeza tocam-se mutuamente, no qual é possível celebrar tanto a vida quanto a morte.

Então, a primeira e mais básica tarefa dos líderes cristãos contemporâneos é guiar as pessoas para fora da terra da confusão e levá-las à terra da esperança. Portanto, devem primeiro ter a coragem de ser exploradores do novo território dentro deles mesmos e articular suas descobertas como um serviço às gerações interiorizadas.

2.2 Compaixão

Ao falar sobre a articulação como uma forma de liderança nós já sugerimos o lugar que o futuro líder irá ocupar. Não "lá no alto", distante ou secretamente escondido, mas no meio das pessoas, com máxima visibilidade.

Se agora percebemos que as gerações contemporâneas não são apenas gerações interiorizadas pedindo articulação, mas também gerações sem pai, procurando um novo tipo de autoridade, devemos considerar qual será a natureza dessa autoridade. Não consigo encontrar uma palavra melhor para nomeá-la do que "compaixão".

A compaixão deve se tornar o núcleo e até a natureza da autoridade. Os líderes cristãos são pessoas de Deus apenas na medida em que são capazes de tornar a compaixão de Deus pela humanidade – que é visível em Jesus Cristo – plausível no próprio mundo delas.

Líderes compassivos se colocam no meio do seu povo, mas não se deixam prender pelas forças conformistas do grupo de colegas, porque através de sua compaixão eles conseguem evitar a distância da piedade bem como o exclusivismo da simpatia. A compaixão nasce quando descobrimos no centro da nossa existência não só que Deus é Deus e humanos são humanos, mas também que nosso próximo realmente é nosso companheiro de humanidade.

Mediante a compaixão é possível reconhecer que o anseio por amor que as pessoas sentem também reside em nosso próprio coração, que a crueldade que o mundo conhece tão bem está enraizada também em nossos próprios impulsos. Por intermédio da compaixão também vislumbramos nossa esperança de sermos perdoados nos olhos de nossos amigos e nosso ódio em suas bocas amargas. Quando eles matam sabemos que poderíamos ter matado; quando dão vida, sabemos que podemos fazer o mesmo. Para uma pessoa compassiva nada humano é estranho: nenhuma alegria e nenhum sofrimento, nenhum modo de viver e nenhum modo de morrer.

Essa compaixão é autoridade porque não tolera as pressões do grupo da moda, mas rompe as fronteiras entre linguagens e países, ricos e pobres, cultos e analfabetos. Essa compaixão afasta as pessoas do amedrontado "clique" e as dirige ao mundo maior, onde podem ver que todo rosto humano é o rosto de um próximo. Assim, a autoridade da compaixão é a possibilidade de cada um de nós perdoarmos nossos irmãos e irmãs, porque o perdão só é real para aqueles que descobriram a fraqueza de seus amigos e os pecados de seus inimigos em seu próprio coração e estão dispostos a chamar cada ser humano de irmã ou irmão.

Uma geração sem pais procura por irmãos e irmãs que possam eliminar seu medo e sua angústia, que possam abrir as portas de sua visão estreita e lhes mostrar que o perdão é uma possibilidade que desponta no horizonte da humanidade. A pessoa compassiva que indica a possibilidade do perdão ajuda outros a se libertarem dos grilhões de sua vergonha restritiva, permite-lhes experimentar sua própria culpa e restaurar sua esperança em um futuro no qual o cordeiro e o leão possam se deitar juntos.

Mas aqui precisamos nos conscientizar da grande tentação que se apresenta aos ministros cristãos. Em toda parte líderes cristãos, tanto homens como mulheres, tornaram-se cada vez mais conscientes da necessidade de treinamento e formação mais específicos. Essa necessidade é realista e o desejo por mais profissionalismo no ministério é compreensível. Mas o perigo é que, em vez de se tornarem livres para deixar o espírito crescer, ministros possam se enredar nas complicações de sua própria presumida competência e usar sua especialização como desculpa para evitar a tarefa muito mais difícil de ser compassivo.

A tarefa dos líderes cristãos é extrair o melhor de cada um e guiá-los a uma comunidade mais humana. O perigo é que seu hábil olhar diagnosticador torne-se mais um olhar de um analista distante e detalhista do que um olhar de um parceiro compassivo. E se padres e ministros acharem que mais treinamento e técnicas é a solução para o problema da liderança cristã podem acabar ficando mais frustrados e desapontados do que os líderes do passado. Mais treinamento e estrutura são apenas tão necessários como mais pão para os famintos. Mas assim como o pão dado sem amor pode trazer guerra em vez de paz, profissionalismo sem compaixão transformará o perdão em um artifício e o reino que se aproxima em uma venda.

Isso nos leva à característica final dos líderes cristãos. Se não forem apenas mais outros profissionais em uma longa série deles que tentam ajudar as pessoas com suas habilidades específicas, se forem realmente agentes conduzindo da confusão à esperança e do caos à harmonia, devem ser não só articulados e compassivos, mas também ter coração contemplativo.

2.3 O ministro como crítico contemplativo

Dissemos que as gerações interiorizadas e sem pais querem desesperadamente mudar o mundo em que vivem, mas tendem a agir de modo espasmódico e convulsivo devido à falta de uma alternativa plausível. Como os líderes cristãos podem direcionar essa energia explosiva para canais criativos e realmente ser agentes de mudança? Pode parecer surpreendente e talvez até contraditório, mas penso que aquilo que é pedido ao líder cristão moderno é se tornar um crítico contemplativo.

Espero ser capaz de evitar a livre associação da palavra "contemplativo" com uma vida passada atrás de paredes, com contato mínimo com o que está acontecendo no mundo que se move rapidamente. O que tenho em mente é uma forma de contemplação muito ativa e comprometida, de natureza evocativa. Isso requer alguma explicação.

Pessoas que não sabem para onde estão indo ou para que tipo de mundo estão avançando, que se perguntam se pôr filhos neste mundo caótico não é um ato de crueldade em vez de amor serão frequentemente tentadas a se tornarem sarcásticas e mesmo cínicas. Riem de seus amigos ocupados, mas não têm nada a oferecer no lugar da atividade deles. Protestam contra muitas coisas, mas não sabem a que dar testemunho.

Mas ministros cristãos que encontraram em si mesmos a voz do Espírito e redescobriram seus companheiros de humanidade com compaixão podem ser capazes de olhar para as pessoas que encontram, os contatos que fazem e os eventos de que participam de modo diferente. Podem revelar o primeiro vislumbre do novo mundo por trás do véu da vida cotidiana. Como críticos contemplativos mantêm uma certa distância para evitar se tornarem absorvidos no que é mais urgente e mais imediato, mas essa mesma distância lhes permite trazer à tona a real beleza do mundo e da humanidade, que é sempre diferente, fascinante e nova.

Não é a tarefa dos líderes cristãos andar por aí nervosamente tentando redimir as pessoas, salvá-las no último minuto, colocá-las no rumo certo, pois estamos redimidos definitivamente. Os líderes cristãos são chamados a ajudar os outros a afirmar essa boa-nova e tornar visível em eventos diários o fato de que por trás da cortina suja dos nossos dolorosos sintomas há algo maior para ser visto: a face de Deus, à imagem do qual somos moldados.

Dessa maneira, contemplativos podem ser líderes para uma geração convulsiva porque podem romper o círculo vicioso de necessidades imediatas pedindo por satisfação imediata. Podem dirigir os olhos daqueles que querem ver além de seus impulsos e orientar sua energia errática para canais criativos.

Aqui vemos que ministros cristãos contemporâneos não podem de modo algum ser considerados aqueles preocupados apenas em ajudar indivíduos a se adaptarem a um mundo exigente. De fato, líderes cristãos que são capazes de ser contemplativos críticos são revolucionários no sentido mais real. Porque, ao testar tudo que veem, ouvem e tocam para comprovar sua autenticidade evangélica são capazes de mudar o curso da história e conduzir seu povo para além das convulsões permeadas pelo pânico rumo à ação criativa que trará um mundo melhor.

Eles não carregam todo cartaz de protesto para conquistar a simpatia daqueles que expressam sua frustração mais do que suas ideias nem se unem facilmente àqueles que pedem mais proteção, mais polícia, mais disciplina e mais ordem. Mas olham criticamente para o que está acontecendo e tomam decisões baseadas em discernimento dentro de sua própria vocação, não no desejo de popularidade e no medo da rejeição. Criticam os protestadores bem como os que buscam descanso quando seus motivos são falsos e seus objetivos dúbios.

Os contemplativos não são carentes ou ávidos pelo contato humano, mas são guiados por uma visão do que enxergaram além dos interesses triviais de um mundo possessivo. Eles não variam segundo as modas do momento porque estão em contato com o que é básico, central e supremo. Não aprovam que ninguém adore ídolos e convidam constantemente seus companheiros de humanidade a fazer perguntas reais, muitas vezes dolorosas e perturbadoras, a olhar além da superfície do comportamento cativante e a retirar todos os obstáculos que nos impedem de chegar ao coração do problema.

Críticos contemplativos removem a máscara ilusória do mundo manipulador e têm a coragem de mostrar qual é a verdadeira situação. Sabem que podem ser considerados estúpidos, loucos, um perigo para a sociedade e uma ameaça à raça humana. Mas não têm medo de morrer, já que sua visão os faz transcender a diferença entre vida e morte e os liberta para fazer o que tem de ser feito aqui e agora, não obstante os riscos envolvidos.

Mais do que tudo, eles procuram sinais de esperança e promessa na situação nas quais se encontram. Os críticos contemplativos têm a sensibilidade de notar a pequena semente de mostarda e têm a confiança de acreditar que, quando cresce, "torna-se a maior das hortaliças e se transforma numa árvore, de modo que as aves do céu vêm fazer ninhos em seus ramos" (Mt 13,31-32). Sabem que se houver esperança de um mundo melhor no futuro os sinais devem estar visíveis no presente, e nunca amaldiçoarão o presente em favor do que vem mais tarde.

Eles não são otimistas ingênuos que esperam que seus desejos frustrados sejam realizados no futuro, nem pessimistas amargos que sempre repetem que o passado lhes ensinou que não há nada novo sob o sol; são sobretudo pessoas esperançosas que vivem com a inabalável convicção de que agora estão vendo um fraco reflexo em um espelho, mas que um dia verão o futuro cara a cara.

Líderes cristãos que são capazes não só de articular os movimentos do espírito, mas também de contemplar o mundo com um olhar crítico mas compassivo; podem esperar que gerações convulsivas não escolherão a morte como forma suprema e desesperada de protesto, mas em vez disso a nova vida, cujos sinais auspiciosos o ministro contemplativo e compassivo tornou visível.

Conclusão

Nós olhamos nos olhos do jovem fugitivo e o encontramos interiorizado, sem pai e convulsivo. Queríamos nos impedir de entregá-lo ao inimigo para ser morto; queríamos, ao contrário, levá-lo ao centro do nosso vilarejo e reconhecer nesse homem que chegou o redentor de um mundo temeroso. Para fazer isso somos desafiados a ser articulados, compassivos e contemplativos.

É uma tarefa demasiado difícil? Somente se sentirmos que temos de cumpri-la individual e separadamente. Mas se algo se tornou claro nos nossos dias é que a liderança é uma vocação compartilhada, que se desenvolve com o trabalho conjunto em uma comunidade. E é dentro do contexto da comunidade que homens e mulheres podem fazer uns aos outros compreender que, como Teilhard de Chardin observou: "para aqueles que podem ver, nada é profano".

Tendo dito tudo isso, percebo que não fiz nada além de reformular o fato de que os líderes cristãos devem ser no futuro o que sempre tiveram de ser no passado: pessoas de oração – pessoas que têm de rezar, e têm de rezar sempre. Que eu mencione esse simples fato pode ser surpreendente, mas espero ter conseguido retirar toda a aura doce, pietista e carola ligada a essa palavra muitas vezes mal utilizada.

Pois as pessoas de oração são, em última análise, pessoas que são capazes de reconhecer nos outros a face do Messias. São pessoas que tornam visível o que estava oculto, que tornam tocável o que era inalcançável. Pessoas de oração são líderes precisamente porque, através de sua articulação da obra de Deus dentro delas mesmas, podem tirar outros da confusão e guiá-los para a clarificação; por meio de sua compaixão elas podem guiar outros para fora dos grupos da moda, em direção ao mundo mais amplo da humanidade; e por meio de sua contemplação crítica podem converter a destrutividade convulsiva em trabalho criativo para o novo mundo por vir.

III
Ministério para um homem sem esperança

Esperando pelo amanhã

Introdução

Quando pensamos sobre liderança geralmente pensamos em uma pessoa oferecendo ideias, sugestões ou orientações para muitas outras. Pensamos em Mahatma Gandhi, Martin Luther King, John F. Kennedy, Charles de Gaulle – pessoas que desempenharam um importante papel na história moderna e se viram no centro da atenção pública. Mas quando queremos determinar que tipo de liderança os cristãos podem reivindicar para si mesmos às vezes parece melhor começar mais perto da nossa base. Lá não temos chances de nos esconder atrás da desculpa de que não estamos lutando pela mudança mundial.

É difícil encontrar um homem ou uma mulher que não exerçam alguma liderança sobre outras pessoas. Entre pais e filhos, professores e alunos, chefes e empregados, muitos padrões diferentes de liderança podem ser encontrados. Em ambientes menos formais – *playgrounds*, gangues de rua, sociedades acadêmicas e sociais, clubes de *hobbies* e esportes – também vemos como nossa vida depende do modo com o qual a liderança é oferecida e aceita.

Neste capítulo eu gostaria de me concentrar na estrutura mais simples na qual a liderança tem um papel: o encontro entre duas pessoas. Nessa relação um a um estamos envolvidos em guiar um ao outro de ponto a ponto, de visão a visão, de uma convicção a outra. Não precisamos citar pessoas como Hitler ou Gandhi para demonstrar o quão destrutivo ou criativo esse tipo de liderança pode ser. Mesmo na simples forma de uma conversa entre duas pessoas a liderança pode ser uma questão de vida ou morte. De fato, precisamente nesse encontro um a um nós descobrimos alguns princípios da liderança cristã que também têm implicações em relações de liderança mais complexas.

Deixemos que uma curta conversa entre um paciente em um hospital e seu visitante sirva como ponto de partida para nossa discussão. O paciente, Sr. Harrison, é um lavrador de 48 anos, atarracado, com jeito de durão e desacostumado a se expressar verbalmente. É de uma família batista muito simples e se sente completamente desorientado em um hospital da cidade grande, aonde foi levado para uma cirurgia nas pernas. Sofre de mal funcionamento das artérias.

O visitante, John Allen, é um estudante de teologia que faz um ano de treinamento clínico-pastoral sob a supervisão do padre do hospital. Essa é a segunda visita de John ao Sr. Harrison.

O paciente está numa cadeira de rodas no meio da ala; outros pacientes estão presentes, alguns deles conversando. A seguinte conversa se dá:

> *John*: – Sr. Harrison, eu sou... eu passei... para vê-lo outro dia.
>
> *Sr. Harrison*: – Ah, sim, eu me lembro.
>
> *John*: – Como vão as coisas?
>
> *Sr. Harrison*: – Bom, eu vou lhe contar. Era para eles terem me operado semana passada. Eles me drogaram, me levaram lá para cima, e meu coração disparou. Decidiram que era melhor não tentar naquela hora. Trouxeram-me de volta para cá, e devo fazer a operação amanhã.
>
> *John*: – Disse que seu coração disparou?
>
> *Sr. Harrison*: – Sim, eles acharam que podia ser arriscado demais seguir em frente. [*Pausa*] Acho que estou pronto para a operação. Acho que posso escapar.

John: – Sente que está pronto.

Sr. Harrison: – Bom, eu não estou pronto para morrer. Mas acho que a operação é necessária para eu não perder as pernas.

John: – O senhor não está pronto para o fim, mas quer que algo seja feito, se possível, para não perder as pernas.

Sr. Harrison: – Isso. [*Acenando com a cabeça*] Se esse for o fim, eu sou um daqueles que se perderão.

John: – Acha que a causa estará perdida se não sobreviver à operação.

Sr. Harrison: – Sim! É claro que dizem que a operação não é nada demais. Eles vão me drogar aqui e me deixar aqui até a hora da operação. Disseram que vão colocar tubos plásticos dentro de mim e que isso deve salvar minhas pernas. Olhe meu pé aqui [*tira o sapato e mostra o pé*]. Este dedo fica azul quando eu me apoio nele. Poderiam amputar aqui no tornozelo, mas desse jeito talvez salvem minhas pernas.

John: – Vale a pena fazer a operação para poder usar as pernas de novo.

Sr. Harrison: – É. Claro que não quero morrer durante a operação. Prefiro ter morte natural do que morrer durante a anestesia.

John: – Sabe que a possibilidade de morrer estará presente durante a operação, mas o único jeito de ficar bem é fazer a operação.

Sr. Harrison: – É, é isso mesmo.

[*Pausa*]

John: – O senhor tem muita coisa lhe esperando quando sair do hospital?

Sr. Harrison: – Nada e ninguém. Só trabalho pesado.

John: – Só bastante trabalho pesado.

Sr. Harrison: – É, isso mesmo. Claro que tenho que recuperar minhas forças. Acho que estarei bom na época em que lavoura de tabaco estiver pronta.

John: – Vai trabalhar na lavoura de tabaco?

Sr. Harrison: – Vou. A colheita começa lá para agosto.

John: – Hu-hum.

[*Pausa*]

John: – Bom, Sr. Harrison, espero que tudo corra bem para o senhor amanhã.

Sr. Harrison: – Obrigado. Obrigado pela visita.

John: – A gente se vê. Tchau.

Sr. Harrison: – Tchau.

John não voltou a falar com o Sr. Harrison. No dia seguinte, durante a operação, o Sr. Harrison morreu. Talvez seja melhor dizer: "Ele não acordou da anestesia".

Pediram a John que guiasse o Sr. Harrison nesse momento crítico, que o conduzisse a um novo amanhã. E o que significava "amanhã"? Para o Sr. Harrison significava ou o começo de sua volta para a lavoura de tabaco ou entrar no reino além da morte.

Para chegar a um entendimento mais profundo do significado da liderança cristã vamos estudar mais detalhadamente o encontro entre o Sr. Harrison e John Allen. Primeiro, vamos considerar a condição do Sr. Harrison; depois, perguntaremos como John poderia ter conduzido o Sr. Harrison para o amanhã. Por fim, vamos discutir os principais princípios da liderança cristã que ficaram aparentes nesse encontro.

1 A condição do Sr. Harrison

John estava irritado e até um pouco zangado quando se reportou ao seu padre supervisor logo após sua visita ao Sr. Harrison. Tinha a sensação de que o Sr. Harrison era um homem teimoso e indiferente, com quem uma conversa decente era quase impossível. Não achava que o Sr. Harrison tinha realmente apreciado sua visita e sentia que, com seu jeito de falar, amargo e um pouco rude, o paciente havia, de fato, expressado mais hostilidade do que gratidão para com sua visita. John estava desapontado e não hesitou em chamar o Sr. Harrison de um homem intratável; ou seja, um candidato contraindicado para o auxílio pastoral.

A reação de John é bastante compreensível. Como um jovem estudante de teologia ele esperara ter uma conversa significativa com o paciente, na qual pudesse lhe oferecer alguma esperança e consolo. Mas se sentira frustrado, decepcionado e incapaz de "chegar a algum lugar".

Somente quando começou a escrever, ler e reler sua conversa e a discutir com seu supervisor o que realmente havia acontecido ele foi capaz de criar a distância necessária para ver a dolorosa condição do Sr. Harrison. Nessa distância ele pôde ver que o Sr. Harrison se encontrava em uma situação delicada: com medo de morrer mas também com medo de sobreviver. Era essa condição paralisante que John precisava sentir e experimentar profundamente antes que pudesse ser útil.

1.1 O ambiente impessoal

Para um estudante de teologia que fez o ensino fundamental, o ensino médio, e a faculdade de teologia era difícil imaginar o que significava para um trabalhador de 48 anos ser colocado no meio da tecnocracia de um hospital moderno. Devia ter sido como chegar a outro planeta, onde as pessoas se vestiam, comportavam, falavam e agiam de um modo assustadoramente estranho.

Os enfermeiros, com seu modo eficiente de lavar, alimentar e vestir os pacientes; os médicos, com seus prontuários, tomando notas e dando ordens em uma linguagem totalmente estranha; as muitas máquinas não identificáveis com garrafas e tubos; e todos os cheiros, barulhos e alimentos estranhos devem ter feito o Sr. Harrison se sentir como uma criancinha que se perdeu em uma floresta assustadora. Para ele, nada era familiar, nada era compreensível, nem sequer acessível.

De repente, aquele homem empedernido, que sempre mantivera sua independência por meio de um duro trabalho manual viu-se vítima passiva de muitas pessoas e operações completamente desconhecidas. Perdera controle sobre si mesmo. Um grupo anônimo de "essa gente" havia assumido: "*Eles* me drogaram, me levaram lá para cima..." *Eles* decidiram que era melhor não tentar de novo. *Eles* me trouxeram de volta para baixo..."

Esse linguajar mostra que o Sr. Harrison sentia que estranhos poderes haviam tirado sua identidade. A operação de suas pernas tornou-se uma manipulação misteriosa e sobrenatural. Até mesmo sua presença parecia indesejada no processo: "Eles vão me dopar aqui mesmo e me deixar aqui até a hora da operação. Disseram que vão colocar uns tubos plásticos dentro de mim e que isso deve salvar minhas pernas".

Para o Sr. Harrison "eles" trabalhavam como se a sua presença fosse apenas um fato acidental. Nenhuma iniciativa própria era exigida ou apreciada, nenhuma pergunta esperada ou respondida, nenhum interesse respeitado ou estimulado. A percepção do Sr. Harrison dessa experiência é descrita da melhor forma como: "Eles fazem umas coisas comigo".

Era nesse ambiente impessoal que John Allen queria oferecer seu auxílio pastoral.

1.2 O medo da morte

Enquanto estudava o relatório de sua conversa com o Sr. Harrison, John descobriu que a morte havia estado no centro das preocupações do paciente. De algum modo o Sr. Harrison havia compreendido que seu estado era uma questão de vida ou morte. Três vezes durante a curta conversa o Sr. Harrison falou do seu medo da morte, enquanto John parecia evitar constantemente o assunto ou, pelo menos, encobrir a dolorosa realidade.

O Sr. Harrison temia uma morte impessoal, uma morte da qual ele não fazia parte, da qual não tinha consciência e que era mais real nas mentes dos muitos poderosos ao redor dele do que em sua própria mente. Deve ter sentido que iriam lhe negar a oportunidade de morrer como um homem: "Claro que não quero morrer durante a operação. Prefiro uma morte natural do que morrer durante a anestesia". O Sr. Harrison compreendeu que no ambiente mecânico e incompreensível ao qual "eles" o haviam levado sua morte era apenas uma parte do processo de manipulação humana no qual ele permanecia um intruso.

Houve um momento de protesto em suas afirmações desiludidas. Ele, um homem do campo que trabalhara duro para ganhar a vida, que tivera de contar apenas com seu próprio corpo, sabia que tinha o direito de ter sua própria morte, uma morte natural. Queria morrer do modo com que havia vivido. Mas seu protesto foi fraco, e ele deve ter percebido que não havia escolha. Apenas desapareceria, feneceria, pararia de viver no estado onírico ocasionado por aqueles que iriam "dopá-lo".

E sabia que, se morresse, estaria ausente naquele momento tão crucial da existência humana. Não era apenas a possibilidade de morrer durante a operação que assustava o Sr. Harrison, mas também que lhe tirassem a chance de se apossar da própria morte – na verdade, ele não encararia a morte, mas apenas deixaria de recuperar a consciência.

Mas há mais, muito mais. O Sr. Harrison não estava pronto para morrer. Duas vezes ele tentara comunicar a John seu profundo desespero, mas John não o ouviu. Quando John disse "O senhor sente que está pronto", referindo-se à operação, o Sr. Harrison revelou o que realmente pensava: "Bom, eu não estou pronto para morrer... Se esse for o fim, eu sou um daqueles que se perderão".

Podemos apenas especular o que havia por trás dessas palavras angustiadas, cheias de angústia e desespero – talvez algo difícil demais para John solucionar. Ele tentou suavizar a dura realidade. Chamou a morte de "o fim" e transformou "sou um daqueles que se perderão" em "a causa está perdida". Mas, ao suavizar as palavras do Sr. Harrison, John evitou o confronto com a angústia pessoal do paciente.

Ninguém pode entender todas as implicações do lamento do Sr. Harrison: "Se este for o fim, sou um daqueles que se perderão". Pois o que "se perder" realmente significa? Não sabemos, mas sua formação batista e sua vida dura e solitária sugerem que ele podia ter falado sobre ser condenado, enfrentar uma vida eterna no inferno.

Esse homem de 48 anos, sem parentes ou amigos, sem ninguém por perto para conversar com ele, para entendê-lo ou perdoá-lo, enfrentou a morte com o fardo de um passado doloroso sobre as costas. Não temos ideia das muitas imagens que passaram pela sua mente naquela hora, mas alguém tão sozinho e desesperado como o Sr. Harrison provavelmente não pôde se valer de experiências passadas que tenham estabelecido dentro dele uma consciência do amor e perdão de Deus.

Além disso, já que o momento da morte costuma trazer lembranças do passado distante, pode ser que os sermões batistas de sua infância, que ameaçavam com castigo eterno qualquer um que cedesse aos "prazeres deste mundo", tenham voltado com nitidez aterradora, obrigando o Sr. Harrison a se identificar, em retrospecto, como "um dos que se perderão". Pode ser que o Sr. Harrison não tivesse visitado uma igreja por anos e não encontrasse um ministro desde que era criança. Quando John, o jovem assistente espiritual, surgiu ao lado de sua cadeira de rodas, é provável que todos os alertas, proibições e admoestações de sua infância tenham retornado e tornado as transgressões de sua vida adulta um pesado fardo que só podia levar ao inferno.

Nós não sabemos realmente o que se passou pela mente do Sr. Harrison; entretanto, não há motivo para subestimar o tom angustiado de suas próprias palavras. Nossas dúvidas e incertezas podem pelo menos nos tornar parcialmente atentos ao que significa para um homem chegar aos 48 anos ao dia do julgamento.

"Não estou pronto para morrer." Isso significa que o Sr. Harrison não estava preparado para um ato confiante de rendição. Não estava preparado para entregar a vida com fé e esperança. Seu sofrimento naquela hora era pequeno comparado ao que o esperava além da fronteira da vida. O Sr. Harrison temia a morte no modo mais existencial. Mas ele queria viver?

1.3 O medo da vida

Poucas pessoas esperam se recuperar, quando enfrentam uma operação, para saírem do hospital. A complexa indústria hospitalar existe para curar, para recuperar, para devolver as pessoas à "vida normal". Todos que já visitaram um hospital e conversaram com pacientes sabem que "amanhã" significa estar um dia mais próximo de casa, de velhos amigos, do trabalho, da vida cotidiana. Hospitais são lugares nos quais as pessoas esperam sair o mais rápido possível. É nesse contexto – o contexto do poder curador da esperança humana – que médicos, enfermeiros e auxiliares fazem seu trabalho.

Pessoas que não querem sair do hospital não cooperam com o propósito geral da instituição e limitam o poder de todos que querem ajudá-las. O Sr. Harrison lutou para se recuperar? Sabemos que tinha medo de morrer; entretanto, isso não significa que quisesse viver.

Voltar à vida normal significa, em parte, voltar para aqueles que estão esperando pelo paciente. Mas quem esperava o Sr. Harrison? John intuiu a solidão do Sr. Harrison quando perguntou: "O senhor tem muita coisa lhe esperando quando sair do hospital?" Essa pergunta abriu uma ferida profunda, e o Sr. Harrison respondeu: "Nada nem ninguém. Somente trabalho pesado".

É muito difícil, senão impossível, para a maioria das pessoas compreender o que significa quando ninguém se importa se estão vivas ou mortas. O isolamento está entre os piores sofrimentos humanos, e para alguém como John a experiência do isolamento estava a infinitos quilômetros de distância. Tinha seu supervisor com quem conversar, seus amigos com quem trocar ideias, sua família e todas as pessoas que, de um modo ou de outro, interessavam-se por seu bem-estar.

Contrariamente, o que é a vida para uma pessoa por quem ninguém espera, a quem aguarda apenas trabalho pesado na lavoura de tabaco, cujo único motivo para se curar é recobrar forças suficientes para a temporada da colheita? Certamente a vida não afasta o isolamento dos processos destrutivos em seu corpo. Por que o Sr. Harrison deveria voltar à vida? Só para passar mais alguns anos labutando sob o sol quente com o único objetivo de ganhar apenas o dinheiro suficiente para se alimentar e se vestir até poder ter uma "morte natural"? A morte pode ser um inferno; mas tal vida, tanto quanto.

O Sr. Harrison não queria realmente viver mais tempo. Temia a vida, que lhe dera tão pouca felicidade e tanta dor. Suas pernas doíam e ele sabia que sem pernas não haveria vida para ele. Mas suas pernas não podiam lhe trazer amor; prometiam apenas trabalho pesado, e esse era um pensamento assustador e deprimente.

Portanto, John encontrou o Sr. Harrison em um ambiente impessoal, com medo de morrer e com medo de viver. Não sabemos o quanto a doença do Sr. Harrison era grave e não sabemos quantas chances ele tinha de sobreviver à operação. Mas o Sr. Harrison não estava pronto para ela. Não entendia o que estava acontecendo ao seu redor; não queria nem morrer nem viver. Estava preso em uma terrível armadilha. Qualquer opção teria sido fatal, uma condenação ou para o inferno ou para o trabalho árduo.

Essa era a condição do Sr. Harrison. Assim como acontece a muitos ele sofria de uma paralisia psíquica na qual suas aspirações mais profundas eram barradas, seus desejos negados, seus esforços frustrados, sua vontade acorrentada. Em vez de alguém cheio de amor e ódio, desejo e raiva, esperança e dúvida, ele se tornara uma vítima passiva, incapaz de imprimir qualquer direção à sua própria história.

Quando as mãos dos médicos tocam uma pessoa nesse estado tocam em um corpo que não mais fala uma linguagem e que desistiu de qualquer forma de cooperação. O Sr. Harrison não podia lutar para vencer a batalha pela vida nem se render serenamente caso suas chances de vencer diminuíssem. Nas mãos do cirurgião ele realmente não tinha nome nem reivindicava um nome para si mesmo. Havia se tornado um corpo anônimo que perdera até mesmo a capacidade de viver. Ele simplesmente parou de funcionar.

Como todos sabemos, o caso do Sr. Harrison não é isolado. Muitos são prisioneiros de sua própria existência. A condição do Sr. Harrison é a mesma de tantos homens e mulheres que não entendem o mundo em que se encontram e para os quais tanto a morte como a vida estão repletos de medo.

E também há muitos como John; muitos homens e mulheres idealistas e inteligentes que querem libertar outros e guiá-los para o amanhã. Como, então, libertar pessoas como o Sr. Harrison da paralisia e guiá-las para um amanhã no qual uma nova vida pode começar? Essa é a questão que agora temos de considerar.

2 Como guiar o Sr. Harrison para o amanhã

John visitou o Sr. Harrison com o fim de ajudá-lo. A pergunta óbvia é: "O que John podia ou deveria ter feito pelo Sr. Harrison?" Mas essa pergunta não é muito justa, pois a condição do Sr. Harrison não era clara e compreensível. Talvez mesmo agora, depois de muitas horas de análise cuidadosa dessa curta conversa, ainda tenhamos apenas um entendimento muito parcial do que estava acontecendo com o paciente.

É muito fácil criticar as respostas de John e mostrar quantas vezes ele falhou ao se aproximar do Sr. Harrison. De fato, o que vemos é uma séria tentativa por parte de John de ouvir o Sr. Harrison e aplicar as regras do aconselhamento não diretivo que ele aprendeu nas aulas. O resultado é acadêmico, canhestro e obviamente cheio de sentimentos de medo, hesitação, confusão, desassossego e distância.

John e o Sr. Harrison representam dois mundos tão diferentes em história, pensamento e sentimento, que é totalmente irrealista, se não desumano, esperar que eles fossem capazes de se entender em duas conversas um tanto casuais. É até pretensioso achar que alguém um dia saberá realmente quem era esse lavrador e como encarou sua morte. O mistério de um ser humano é imenso e profundo demais para ser explicado por outro ser humano.

Mas, mesmo assim, “Como o Sr. Harrison poderia ter sido guiado para o amanhã?” continua uma pergunta válida. Porque todos precisamos dos outros para viver, e quanto mais estamos dispostos a entrar na condição dolorosa que todos conhecemos mais provavelmente nos tornaremos líderes eficazes, tirando as pessoas do deserto e levando-as para a terra prometida.

Portanto, não se trata de mostrar a John como falhou lastimavelmente em ajudar o Sr. Harrison e em lhe dizer o que deveria ter feito, mas de tentar reconhecer na condição do Sr. Harrison a angústia de todas as pessoas: o clamor desesperado por uma resposta humana de nossos irmãos e irmãs.

Possivelmente John não poderia ter feito muito mais do que fez durante sua conversa com o Sr. Harrison, mas o estudo dessa trágica situação humana pode revelar que a nossa resposta pode de fato ser uma questão de vida ou morte. A resposta que poderia ter estado dentro do alcance da possibilidade humana é uma resposta pessoal em um meio impessoal, graças à qual uma pessoa pode esperar por outra em vida bem como na morte.

2.1 Uma resposta pessoal

Quando alunos de teologia leem a conversa entre John e o Sr. Harrison geralmente criticam veementemente as respostas de John e oferecem ideias do que eles mesmos teriam dito. Explicam: "Eu teria lhe pedido para se lembrar das experiências boas que teve na vida e teria tentado lhe oferecer a esperança de uma vida melhor". "Eu teria lhe explicado que Deus é misericordioso e que perdoaria seus pecados". "Eu teria tentado saber mais sobre a natureza de sua doença e lhe mostrado que tinha realmente uma boa chance de se recuperar". "Eu teria conversado mais com ele sobre seu medo da morte e sobre o seu passado, para que pudesse aliviar sua consciência culpada". "Eu teria falado sobre a morte como um caminho a uma nova vida para aqueles que confiam em Cristo".

Todas essas e outras respostas propostas estão enraizadas em um profundo desejo de ajudar e oferecer uma mensagem de esperança que aliviasse a dor desse homem que sofre. Mas, de qualquer modo, permanece a pergunta: "De que adianta para um homem analfabeto em seu momento agonizante as palavras, explicações, exortações e argumentos de um estudante de teologia?"

Alguém pode mudar as ideias, sentimentos ou perspectivas de uma pessoa a poucas horas da morte? Certamente, 48 anos de vida não são modificados por algumas observações inteligentes de um seminarista bem-intencionado. John pode ter sido pouco diretivo, não ter tido a coragem de prestar algum testemunho ou de manifestar preocupação profunda. Mas que diferença isso fez?

As possibilidades da visita de John ao Sr. Harrison nunca se tornarão manifestas se esperarmos alguma salvação a partir de uma mudança de terminologia ou uma nova nuança na natureza das palavras. Podemos até mesmo nos perguntar: "Não teria sido melhor se John ficasse longe do Sr. Harrison, deixasse-o em paz, evitando que este fizesse associações mórbidas com o surgimento de um pregador?"

Sim... A não ser que em meio ao anonimato criado por seu entorno o Sr. Harrison tivesse encontrado alguém genuíno que o chamasse por seu nome e se tornasse seu irmão... A não ser que John tivesse se tornado uma pessoa que o Sr. Harrison pudesse realmente ver, tocar, cheirar e ouvir, e cuja presença real não poderia de modo algum ser negada. Se John tivesse atravessado a nebulosidade da existência do Sr. Harrison, olhasse e falasse com ele, apertasse suas mãos em um gesto de real preocupação isso teria importado.

O vazio do passado e do futuro jamais poderá ser preenchido com palavras, mas apenas pela presença de um ser humano. Somente assim a esperança poderá nascer, fazendo uma exceção ao lamento "ninguém e nada"; uma esperança que possibilitará sussurrar: "Talvez alguém esteja esperando por mim, afinal".

2.2 Esperando em vida

Nenhum de nós pode oferecer liderança a outra pessoa se a nossa presença não for sentida; ou seja, a não ser que saiamos do anonimato e apatia do nosso entorno e tornemos visível a possibilidade do companheirismo. Mas como John poderia, mesmo quando realmente presente para o Sr. Harrison, mesmo quando capaz de expressar sua real preocupação para com ele, tê-lo afastado do medo e direcionado-o para a esperança de um amanhã?

Podemos começar compreendendo que nem John nem qualquer outra pessoa interessada quereriam que o Sr. Harrison morresse. A operação tinha como fim salvar suas pernas, e quando o Sr. Harrison disse "Acho que posso escapar" só uma pessoa sem coração teria criticado seu palpite cauteloso. Para um paciente diante de uma cirurgia, amanhã deve ser o dia da recuperação, não o da morte. Portanto, a tarefa de John era fortalecer o desejo do paciente de se recuperar e intensificar a pouca força que tinha para lutar pela vida. Mas como?

Tornando falsa a perigosa generalização do Sr. Harrison – "Nada nem ninguém espera por mim" –, reduzindo-a a uma queixa paralisante e atacando de frente esse conceito equivocado: "Olhe para mim e tente repetir isso. O senhor verá em meus olhos que está enganado. Eu estou aqui, estarei aqui amanhã e depois de amanhã, e o senhor não vai me decepcionar".

Nenhum de nós pode permanecer vivo quando não há ninguém nos esperando. Cada um que volta de uma viagem longa e difícil precisa de alguém esperando na estação ou no aeroporto. Cada um de nós quer contar nossa história e partilhar nossos momentos de dor e euforia com alguém que ficou em casa esperando a nossa volta.

Alexander Berkman, o anarquista que tentou matar o barão da indústria Henry Clay Frick em 1892, teria enlouquecido durante seus 14 anos de brutal vida na prisão se alguns amigos não estivessem esperando por ele do lado de fora[16].

George Jackson – preso em 1960 quando tinha 18 anos por roubar 70 dólares de um posto de gasolina e morto em 1971 enquanto tentava fugir – jamais teria sido capaz de escrever seu impressionante e humano documento se a sua mãe, o pai, os seus irmãos Robert e Jonathan e sua amiga Fay Stender não estivessem esperando por ele do lado de fora, recebendo suas cartas e reagindo constantemente a seus pensamentos[17].

Seres humanos podem manter sua sanidade e permanecerem vivos desde que haja pelo menos uma pessoa esperando por eles. A mente humana pode de fato comandar o corpo mesmo quando lhe resta pouca saúde. Uma mãe moribunda pode permanecer viva o bastante para ver seu filho antes de desistir da luta; um soldado pode evitar a desintegração física e mental quando sabe que sua mulher e seus filhos esperam

---

16 BERKMAN, A. *Prison Memoirs of an Anarchist*. Nova York, 1970.

17 JACKSON, G. *Soledad Brother* – The Prison Letters of George Jackson. Nova York, 1970.

por ele. Mas quando "nada nem ninguém" nos espera não há chance de sobreviver na luta pela vida.

O Sr. Harrison não tinha motivo para acordar da anestesia, já que recobrar a consciência significava chegar a uma estação onde milhares de pessoas correm de um lado para outro, mas onde ninguém levanta a mão, aproxima-se com um sorriso de reconhecimento ou o recebe de volta ao mundo dos vivos. John poderia ter sido essa pessoa. Poderia ter salvado a vida do Sr. Harrison ao fazê-lo compreender que voltar a viver é uma dádiva para quem espera.

Milhares de pessoas cometem suicídio porque ninguém vai esperar por elas amanhã. Não há razão para viver se não há ninguém por quem viver. Mas quando um ser humano diz para outro "Eu não vou deixá-lo partir. Estarei aqui amanhã esperando por você e espero que não me decepcione!", então o amanhã deixa de ser um túnel escuro e infindável. Torna-se carne e osso na forma de um irmão ou irmã que espera pelo paciente e por quem ele deseja dar mais uma chance à vida.

Quando o amanhã significa apenas a lavoura de tabaco, trabalho pesado e uma vida solitária não se poderia esperar que o Sr. Harrison colaborasse com o trabalho do cirurgião. Mas se John tivesse estado no limiar do amanhã o Sr. Harrison poderia ter desejado saber o que ele diria sobre o dia seguinte e ajudado o médico.

E não diminuamos o poder da espera dizendo que uma relação salvadora não pode se desenvolver em uma hora. Um olhar compassivo ou um aperto de mão afetuoso podem substituir anos de amizade quando uma pessoa está agonizando. O amor não só dura para sempre como também precisa de apenas um segundo para nascer. John poderia de fato ter salvado a vida do Sr. Harrison tornando-se seu amanhã.

2.3 Esperando na morte

Mas a recuperação do Sr. Harrison estava longe de ser uma certeza. Ele mesmo foi o primeiro a compreender isso. Falou explicitamente três vezes sobre sua morte e sabia que sua doença era grave o bastante para questionar um resultado positivo da operação. Na curta conversa com John Allen o Sr. Harrison parecia temer a morte ainda mais do que voltar a viver.

A presença e a espera fiel de John não se tornam ridículas diante de alguém que muito possivelmente não estará vivo no dia seguinte? Muitos pacientes foram enganados com histórias sobre recuperação e a vida melhor que virá depois, enquanto que as pessoas que os consolavam sequer acreditavam em suas próprias palavras. Qual o sentido de falar sobre esperar pelo amanhã quando essas palavras provavelmente serão as últimas ditas ao paciente?

Aqui chegamos à parte mais sensível do encontro de John com o Sr. Harrison. Por que um rapaz saudável se faria realmente presente para um homem em quem as forças da morte atuavam? O que significa para alguém que está morrendo ser confrontado com outra pessoa para quem a vida mal começou? Isso parece uma tortura psicológica na qual um moribundo é lembrado por seu jovem visitante que sua vida poderia ter sido muito diferente, mas que é tarde demais para mudar.

A maioria das pessoas em nossa sociedade não quer perturbar as outras com a ideia da morte; querem que alguém morra sem jamais terem percebido que a morte se aproximava. Certamente John não poderia ter guiado o Sr. Harrison para o amanhã com esse jogo falso. Em vez de encaminhá-lo, ele o estaria desencaminhando; teria roubado seu direito humano de morrer.

Na verdade, John podia realmente dizer "Eu esperarei por você" se isso só valesse no caso da recuperação do Sr. Harrison? Ou uma pessoa pode esperar por outra não importa o que aconteça, inclusive a morte?

Diante da morte não há muita diferença entre John e o Sr. Harrison. Ambos morrerão. A única diferença é o tempo. Mas o que significa o tempo quando duas pessoas se descobriram como semelhantes? Se a espera de John pudesse ter salvado a vida do Sr. Harrison o poder dessa espera não seria condicionado pela recuperação do Sr. Harrison, porque quando duas pessoas se tornam mutuamente presentes a espera de uma deve ser capaz de cruzar a tênue linha entre a vida e a morte da outra.

O Sr. Harrison tinha medo de morrer porque temia a condenação, um prolongamento eterno de seu isolamento. Além do mais, certamente o inferno pode ter significado para o Sr. Harrison ser totalmente rejeitado. Mas se tivesse sido capaz de sentir verdadeiramente a presença de John poderia ter percebido que pelo menos alguém protestava contra seu medo e que, na hora da morte, não estaria sozinho.

De fato, é possível para os seres humanos serem fiéis na morte, expressarem uma solidariedade baseada não só em um retorno para a vida cotidiana, mas também em uma participação na experiência da morte; uma experiência que pertence ao centro do coração humano.

"Eu esperarei por você" significa muito mais do que "Se você sobreviver à operação eu estarei aqui com você outra vez". Será incondicional. "Eu esperarei por você" vai além da morte e é a expressão mais profunda do fato de que a fé e a esperança podem passar, mas o amor permanecerá para sempre. "Eu esperarei por você" é uma expressão de solidariedade que atravessa os grilhões da morte.

Naquele momento, John não seria mais um assistente espiritual tentando dar bons conselhos e o Sr. Harrison não seria mais um lavrador que duvidava se iria sobreviver à operação. Em vez disso, seriam dois seres humanos que reavivariam um no outro a mais profunda intuição humana, a de que a vida é eterna e não pode ser futilizada por um processo biológico.

Cada um de nós pode levar o outro ao amanhã mesmo quando esse amanhã é o dia da sua morte, pois podemos esperar pelo outro dos dois lados. Mas teria sido tão significativo John conduzir o Sr. Harrison de volta à vida se isso fosse apenas mais um adiamento para um homem no corredor da morte?

Os seres humanos protestam contra a morte porque não estão satisfeitos com um mero adiamento da execução. E é esse protesto que poderia ter mobilizado no Sr. Harrison tanto o poder para se recuperar quanto a capacidade de romper o muro do seu medo, tornando sua morte a entrada em uma vida na qual ele era esperado. Então, talvez John pudesse de fato ter conduzido Sr. Harrison ao amanhã tornando-se presente para ele e o esperando na vida e na morte.

De fato, era exatamente a disposição de John de entrar com o Sr. Harrison em sua condição paralisante que teria lhe permitido ser um guia ou líder no melhor sentido. Somente com essa participação pessoal ele poderia ter libertado o Sr. Harrison de sua paralisia e o tornado novamente responsável por sua própria história. Nesse sentido ele poderia de fato ter salvado a vida do Sr. Harrison, independentemente de sua recuperação. Com John esperando o cirurgião não teria operado uma vítima passiva, mas uma pessoa capaz de tomar decisões que contariam.

A condição do Sr. Harrison é mais do que a condição de uma determinada pessoa em um determinado hospital. É um reflexo da condição de todos. O potencial de liderança não é só uma possibilidade a ser concretizada por teólogos bem treinados; é responsabilidade de todo cristão. Portanto, vamos finalmente discutir agora os principais princípios da liderança cristã que se tornaram aparentes nesse encontro.

3 Princípios da liderança cristã

Como falar sobre liderança cristã sem mencionar a vida, crucificação e ressurreição de Jesus Cristo? A única reposta é: Jesus está presente desde a primeira página deste capítulo.

O entendimento da condição do Sr. Harrison e a busca por uma resposta criativa se basearam na revelação divina em Jesus Cristo. Essa revelação se mostra na condição paralisante do Sr. Harrison, a condição de todos os seres humanos. Também nos revela a possibilidade de seguir Cristo ao esperarmos fielmente pelo outro além das fronteiras entre a vida e a morte.

Portanto, podemos descobrir e redescobrir no encontro entre o Sr. Harrison e John os princípios básicos da liderança cristã. Primeiro, preocupação pessoal; que pede que as pessoas deem a vida pelos outros. Segundo, uma fé arraigada no valor e sentido da vida, mesmo quando os dias parecem escuros. E terceiro, uma esperança exuberante que sempre olha para o futuro, até mesmo depois do momento da morte. E todos esses princípios têm como base a primeira e única convicção de que, visto que Deus se tornou humano, são os seres humanos que têm o poder de guiar seus semelhantes para a liberdade.

Prestemos agora atenção especial a esses três princípios, que derivamos da visita de John ao Sr. Harrison.

3.1 Preocupação pessoal

Se há uma atitude que perturba um homem ou uma mulher que sofre é a indiferença. A tragédia do ministério cristão é que muitos que passam grande necessidade, muitos que buscam um ouvido atento, uma palavra de apoio, um abraço de perdão, uma mão firme, um sorriso terno ou mesmo uma confissão hesitante da incapacidade de fazer mais muitas vezes consideram seus ministros pessoas distantes, que não querem se comprometer.

Esses ministros não desejam ou não conseguem expressar seus sentimentos de afeto, raiva, hostilidade ou simpatia. De fato, é um paradoxo que aqueles que querem viver para "todos" muitas vezes se vejam incapazes de chegar perto de quem quer que seja. Quando todos se tornam meu "próximo" vale perguntar se qualquer um pode realmente se tornar meu "*proximus*", ou seja, aquele mais próximo de mim.

Depois de tanta ênfase na necessidade de os líderes evitarem que seus sentimentos e atitudes pessoais interfiram em uma relação de ajuda parece necessário reestabelecer o princípio básico de que ninguém pode ajudar uma pessoa sem se envolver, sem entrar com todo seu ser na situação dolorosa, sem correr o risco de ser machucado, ferido ou mesmo destruído no processo[18].

O começo e o fim de toda liderança cristã é dar a vida aos outros. Pensar em martírio pode ser uma fuga, a não ser que compreendamos que o verdadeiro martírio significa uma testemunha, que começa com a disposição de chorar com aqueles que choram, rir com aqueles que riem e tornar suas próprias experiências dolorosas e alegres disponíveis como fontes de elucidação e entendimento.

Quem pode tirar uma criança de uma casa em chamas sem correr o risco de ser queimado? Quem pode ouvir uma história de solidão e desespero sem correr o risco de experimentar dores semelhantes em seu próprio coração e até de perder sua preciosa paz de espírito? Resumindo, "Quem pode retirar o sofrimento sem entrar nele?"

---

18 Cf. o excelente estudo em HILTNER, S. *Counselor on Counseling*. Nashville, Tennessee: Abingdon, 1950.

É uma ilusão pensar que uma pessoa pode ser guiada para fora do deserto por alguém que nunca esteve lá. Nossa vida é cheia de exemplos que nos dizem que a liderança exige entendimento, e entendimento exige compartilhamento. Se definirmos a liderança em termos de evitar ou estabelecer precedentes, ou em termos de se responsabilizar por algum tipo de "bem comum" abstrato, estaremos esquecendo que nenhum Deus pode nos salvar, exceto um Deus sofredor, e que ninguém pode liderar outros, exceto aquele esmagado por seus pecados.

Preocupação pessoal significa tornar o Sr. Harrison a única pessoa que conta, a pessoa por quem estou disposto a esquecer minhas muitas outras obrigações, meus compromissos marcados e reuniões preparadas ao longo de muito tempo, não porque não sejam importantes, mas porque perdem a urgência em face da agonia do Sr. Harrison. A preocupação pessoal torna possível compreender que ir atrás das "ovelhas desgarradas" realmente é um serviço para todos que estão sozinhos.

Muitos depositam confiança em alguém que foi até o fim por preocupação com apenas um deles. A afirmação "Você realmente se importou conosco" muitas vezes é ilustrada por histórias que demonstram que esquecer muitas pessoas em prol de uma é sinal de verdadeira liderança.

Não é apenas por curiosidade que as pessoas ouvem pregadores quando falam diretamente a um homem e a uma mulher cujo casamento abençoam ou aos filhos de alguém que está sendo enterrado. Elas ouvem na esperança profunda de que a preocupação pessoal possa dar aos pregadores palavras que se estendam além dos ouvidos daqueles cuja alegria ou sofrimento eles compartilham. Poucos ouvem um sermão que pretende ser aplicável a todos, mas a maioria presta atenção cuidadosa às palavras que brotam da preocupação com apenas alguns poucos.

Tudo isso sugere que, quando se tem a coragem de entrar onde a vida é experimentada de modo mais único e privado, toca-se a alma da comunidade. Aqueles que passaram muitas horas tentando entender, sentir e esclarecer a alienação e confusão de um de seus semelhantes podem ser os mais bem-preparados para responder às necessidades de muitos, porque todos nós estamos unidos na nascente da dor e da alegria.

Foi isso que Carl Rogers observou quando escreveu: "Descobri que o mesmo sentimento que me pareceu o mais particular, o mais pessoal e, portanto, o mais incompreensível para os outros, revelou-se uma expressão que ressoa em muitas outras pessoas. Isso levou-me a crer que aquilo que é mais pessoal e único em cada um de nós provavelmente é o próprio elemento que, quando partilhado ou expressado, ecoa mais profundamente em outros. Isso me ajudou a entender artistas e poetas que ousaram expressar o que é único neles mesmos"[19].

---

19 ROGERS, C. *On Becoming a Person*. Op. cit., p. 26.

De fato, parece que o líder cristão é, em primeiro lugar, o artista que pode unir muitas pessoas pelo ato corajoso de expressar suas próprias preocupações mais pessoais.

3.2 Fé no valor e no sentido da vida

Fé no valor e no sentido da vida, mesmo diante do desespero e da morte, é o segundo princípio da liderança cristã. Tal princípio é tão óbvio que muitas vezes é dado como certo e menosprezado.

A visita de John ao Sr. Harrison precisava de preocupação pessoal, mas essa preocupação só podia ser sustentada por uma intensa fé no valor e no significado da vida do Sr. Harrison. E essa fé é plasmada pela própria visita.

A liderança cristã é um beco sem saída quando nada novo é esperado, quando tudo parece familiar e quando o ministério retornou para o nível da rotina. Muitos entraram nesse beco sem saída e se viram aprisionados em uma vida na qual todas as palavras já foram faladas, todos os eventos já ocorreram e todas as pessoas já se conheceram.

Mas para uma pessoa com fé profunda no valor e no sentido da vida, toda experiência contém uma nova promessa, todo encontro provoca uma nova percepção e todo evento traz uma nova mensagem. Mas essas promessas, percepções e mensagens precisam ser descobertas e tornadas visíveis.

Os líderes cristãos não são líderes porque anunciam uma nova ideia e tentam convencer outros de seu valor. São líderes porque encaram o mundo com olhos cheios de expectativa e com a experiência para retirar o véu que cobre seu potencial oculto.

A liderança cristã é chamada de ministério precisamente para expressar que, no serviço aos outros, nova vida pode ser criada. É esse serviço que abre os olhos para ver a flor rompendo nas fendas nas ruas, ouvidos para ouvir uma palavra de perdão silenciada pelo ódio e hostilidade e mãos para sentir uma nova vida sob o manto da morte e da destruição.

O Sr. Harrison não era só um homem amargo e hostil, resistente à ajuda pastoral. Para um verdadeiro ministro ele encarna a verdade de que pertence à dignidade de cada um ter uma morte humana, entregar a vida em vez de permitir que ela nos seja tirada em um estado de inconsciência. Sob as afirmações rudes e amargas do Sr. Harrison os cristãos ouvem um grito de socorro para enfrentar o que se oculta por trás da nossa morte iminente e, sobretudo, a súplica por alguém que está conosco na vida e na morte.

Portanto, o encontro entre esses dois homens em uma situação de crise não é um acontecimento acidental, mas um apelo direto a ambos para que descubram a procura básica do coração humano. Mas esse apelo só pode ser ouvido por aqueles que têm uma fé profunda no valor e sentido da vida, por aqueles que sabem que a vida não é um atributo estático, mas um mistério que se revela no encontro permanente entre a humanidade e o nosso mundo.

3.3 Esperança

Enquanto a preocupação pessoal é sustentada por uma fé em contínuo crescimento no valor e sentido da vida, a motivação mais profunda para liderar nossos semelhantes em direção ao futuro é a esperança. Pois a esperança torna possível ver além da realização de desejos urgentes e anseios prementes e oferece uma visão que vai além do sofrimento humano e até mesmo além da morte.

Líderes cristãos são pessoas esperançosas cuja força, em última análise, não se baseia nem na autoconfiança derivada de sua própria personalidade nem em expectativas específicas para o futuro, mas em uma promessa feita a cada um de nós. Essa promessa não só levou Abraão a viajar para um território desconhecido; não só inspirou Moisés a liderar seu povo na fuga da escravidão; também é o motivo orientador para qualquer cristão que continua apontando para uma nova vida, mesmo diante da corrupção e da morte.

Sem esperança nunca seremos capazes de ver valor e sentido no encontro com um ser humano em declínio e nos preocupar pessoalmente com ele. Essa esperança se estende bem além das limitações da força psicológica de uma pessoa, pois está ancorada não só na alma de um indivíduo, mas na autorrevelação de Deus na história. Portanto, a liderança não é chamada de cristã por ser permeada de otimismo, apesar de todos os conflitos da vida, mas porque está fundamentada no acontecimento histórico de Cristo, que é entendido como uma ruptura definitiva na cadeia determinista de tentativas e erros humanos e uma afirmação dramática de que há luz do outro lado da escuridão.

Toda tentativa de ligar essa esperança a sintomas visíveis no nosso entorno torna-se uma tentação quando nos impede de compreender que promessas, não sucessos concretos, são a base da liderança cristã. Muitos ministros, padres e leigos cristãos se tornaram desiludidos, amargos e até mesmo hostis quando anos de trabalho pesado não deram frutos, quando poucas mudanças foram realizadas. Construir uma vocação esperando resultados concretos, seja como forem concebidos, é como construir uma casa sobre areia em vez de sobre rocha sólida, e até elimina a capacidade de aceitar sucessos como presentes gratuitos.

A esperança nos impede de nos agarrar ao que temos e nos liberta para nos afastar do lugar seguro e entrar em territórios desconhecidos e assustadores. Isso pode soar romântico, mas quando entramos com nossos semelhantes no medo da morte e somos capazes de esperar por aquela pessoa, “deixar o lugar seguro” pode se revelar um ato de liderança muito difícil.

Na verdade, é um ato de discipulado no qual seguimos a difícil estrada de Cristo, que entrou na morte com nada além de simples esperança.

Conclusão

Assim, esperar pelo amanhã como um ato de liderança cristã exige preocupação pessoal, uma profunda fé no valor e no sentido da vida e uma forte esperança que rompe as fronteiras da morte. Nesta análise tornou-se claro que a liderança cristã é conquistada apenas por meio do serviço aos outros.

Esse serviço envolve a disposição de entrar em uma situação repleta de todas as vulnerabilidades que um ser humano tem de partilhar com outra pessoa. É uma experiência dolorosa e abnegada, mas que pode de fato libertar cada um de nós de nossas prisões de confusão e medo.

De fato, o paradoxo da liderança cristã é que a saída também é a entrada, que só entrando em comunhão com o sofrimento humano o alívio pode ser encontrado. Assim como John foi convidado a entrar na agonia do Sr. Harrison e esperar por ele, todos os cristãos são constantemente convidados a vencer o medo sentido por seus próximos entrando nesse medo com eles e a encontrar, no companheirismo do sofrimento, o caminho para a liberdade.

IV
Ministério de um ministro solitário

O curador ferido

Introdução

Em meio ao nosso mundo convulsivo, homens e mulheres erguem as vozes repetidas vezes para anunciar com audácia incrível que estamos esperando por um Libertador. Estamos esperando, anunciam eles, por um Messias que nos libertará do ódio e da opressão, do racismo e da guerra; um Messias que deixará a paz e a justiça ocuparem seu lugar de direito.

Se o ministério pretende corroborar a promessa desse Messias, o que pudermos aprender sobre a sua vinda nos dará um entendimento mais profundo do que é exigido do ministério hoje.

Como o nosso Libertador virá? Encontrei uma antiga lenda no Talmude que pode nos sugerir o começo de uma resposta:

> O Rabino Yoshua ben Levi encontrou o Profeta Elias enquanto este se encontrava na entrada da caverna do Rabino Simeron ben Yohai... Perguntou a Elias: "Quando o Messias virá?" Elias respondeu: "Vá perguntar a Ele você mesmo."
> "Onde Ele está?"
> "Está nos portões da cidade."
> "Como vou reconhecê-lo?"
> "Ele está entre os pobres cobertos de feridas. Os outros desenfaixam todas as suas feridas ao mesmo tempo e depois as enfaixam de novo. Mas Ele desenfaixa uma de cada vez e a enfaixa de novo, dizendo a si mesmo: "Talvez precisem de mim. Se assim for, devo estar sempre pronto para não me atrasar nem um momento"[20].

O Messias, diz-nos a história, está entre os pobres, enfaixando suas feridas somente uma de cada vez, sempre preparado para o momento em que poderão precisar dele. Assim também é para os ministros. Como a tarefa deles é tornar visível para os outros os primeiros vestígios de libertação, devem enfaixar suas próprias feridas cuidadosamente, na expectativa do momento em que precisarão deles.

---

20 Extraído do *Tractate Sanhedrin*.

Cada um é chamado a ser o curador ferido, aqueles que devem não só cuidar de suas próprias feridas, mas ao mesmo tempo estar preparados para curar as feridas de outros. São tanto ministros feridos como ministros curadores, dois conceitos que eu gostaria de explorar neste último capítulo.

1 O ministro ferido

A história no Talmude sugere que, porque enfaixa suas próprias feridas uma de cada vez, o Messias não teria de gastar tempo para se preparar se alguém lhe pedisse ajuda. Estaria pronto para ajudar.

Jesus deu a essa história uma nova plenitude ao tornar seu próprio corpo fraturado o caminho para a saúde, para a libertação e uma nova vida. Portanto, tal como Jesus, aqueles que proclamam a libertação são chamados não só a cuidar de suas próprias feridas e das feridas de outros, mas também a tornar suas feridas uma grande fonte de poder de cura.

Mas quais são nossas feridas? Muitas vozes falaram sobre elas de diversas formas. Palavras como "alienação", "separação", "isolamento" e "solidão" foram usadas para descrever nossa condição de feridos. Talvez a palavra "solidão" expresse melhor nossa experiência imediata e, portanto, capacita-nos mais adequadamente a entender nossa fratura.

A solidão dos ministros é especialmente dolorosa porque, acima e além da experiência deles como pessoas na sociedade moderna, sentem uma solidão adicional, resultado da modificação do significado da própria profissão ministerial.

1.1 Solidão pessoal

Vivemos numa sociedade na qual a solidão se tornou uma das feridas humanas mais dolorosas. A crescente competição e rivalidade que permeiam a nossa vida desde o nascimento criaram em nós uma aguda consciência do nosso isolamento. Essa consciência, por sua vez, provocou em muitos uma forte angústia e uma busca intensa pela experiência de unidade e comunidade. Também levou as pessoas a perguntarem novamente como o amor, a amizade, a fraternidade e a irmandade podem nos livrar do isolamento e nos oferecer uma sensação de intimidade e pertencimento.

Por toda parte vemos as muitas maneiras pelas quais as pessoas do mundo ocidental tentam escapar dessa solidão. Psicoterapia, os muitos institutos que oferecem experiências em grupo com técnicas de comunicação verbal e não verbal, cursos de verão e conferências promovidas por estudiosos, treinadores e ativistas, nos quais as pessoas podem partilhar problemas em comum, e os muitos experimentos que buscam criar liturgias íntimas nos quais a paz não só é anunciada como também sentida – todos esses fenômenos, cada vez mais populares, são sinais de uma dolorosa tentativa de derrubar o muro paralisante da solidão.

Porém, quanto mais penso em solidão mais penso que sua ferida é, na verdade, como o Grand Canyon – uma profunda incisão na superfície da nossa existência que se tornou uma fonte inexaurível de beleza e autocompreensão. Portanto, eu gostaria de anunciar alta e claramente o que pode parecer impopular e talvez até mesmo perturbador. O modo de vida cristão não elimina nossa solidão mas a protege e valoriza como um dom precioso.

Às vezes parece que fazemos todo o possível para evitar o doloroso confronto com a nossa solidão humana básica e nos permitimos ser aprisionados por falsos deuses que prometem salvação rápida e alívio imediato. Mas talvez a consciência dolorosa da solidão seja um convite para transcendermos nossas limitações e olhar além das fronteiras da nossa existência. A consciência da solidão pode ser um dom que devemos proteger e preservar, porque a solidão nos revela um vazio interior que pode ser destrutivo quando incompreendido, mas cheio de promessas para aqueles que conseguem tolerar seu doce sofrimento.

Quando ficamos impacientes, quando queremos desistir da solidão e tentar superar a separação e incompletude que sentimos, facilmente nos relacionamos com o mundo humano com expectativas devastadoras. Ignoramos o que já sabemos com um conhecimento profundo e intuitivo: nenhum amor ou amizade, nenhum abraço íntimo ou beijo carinhoso, nenhuma comunidade, comuna ou coletivo, nenhum homem ou mulher jamais serão capazes de satisfazer nosso desejo de sermos libertados da nossa condição solitária.

Essa verdade é tão desconcertante e dolorosa que nos inclinamos mais a jogar com nossas fantasias do que a enfrentar a verdade da nossa existência. Desse modo, continuamos a esperar que um dia encontraremos o homem que realmente entenderá nossa experiência, a mulher que trará paz à nossa vida turbulenta, o emprego no qual poderemos realizar nossos potenciais, o livro que explicará tudo e o lugar onde poderemos nos sentir em casa.

Essa experiência falsa nos leva a fazer exigências exaustivas e nos prepara para a amargura e para uma perigosa hostilidade quando começamos a descobrir que nada nem ninguém pode corresponder às nossas expectativas absolutistas. Muitos casamentos acabam porque nenhum dos parceiros foi capaz de corresponder à esperança, muitas vezes dissimulada, de que o outro eliminasse a sua solidão. Muitos celibatários vivem com o sonho ingênuo de que, na intimidade do casamento, sua solidão seria eliminada.

E quando vivem com essas falsas expectativas e ilusões, ministros impedem a si mesmos de reivindicar sua própria solidão como uma fonte de entendimento humano e, assim, são incapazes de oferecer qualquer serviço real aos muitos que não entendem seu próprio sofrimento.

1.2 Solidão profissional

A ferida da solidão na vida dos ministros dói ainda mais, já que não só partilham da condição humana do isolamento como também descobrem que seu impacto sobre os outros está diminuindo. Os ministros são chamados a tratar das questões supremas da vida: nascimento e morte, união e separação, amor e ódio. Têm um desejo urgente de dar sentido à vida das pessoas mas se veem parados à margem dos acontecimentos e só relutantemente são admitidos ao local onde as decisões são tomadas.

Nos hospitais, onde muitos emitem seu primeiro grito bem como suas últimas palavras, os ministros frequentemente são mais tolerados do que solicitados. Nas prisões, onde o desejo humano de liberação e liberdade é sentido mais dolorosamente, um padre se sente um espectador culpado, cujas palavras praticamente não comovem os guardas. Nas cidades, onde as crianças brincam entre os prédios e os velhos morrem isolados e esquecidos, os protestos dos padres mal são levados a sério e suas exigências pairam no ar como perguntas retóricas. Muitas igrejas decoradas com palavras anunciando a salvação e uma vida nova frequentemente são pouco mais do que salões para aqueles que se sentem bem confortáveis na vida antiga e que provavelmente não deixarão as palavras do ministro transformar seus corações de pedra em fornos, nos quais as espadas podem ser convertidas em arados e as lanças em ganchos de poda.

A dolorosa ironia é que os ministros, que querem tocar o centro da vida das pessoas, encontram-se na periferia, frequentemente pedindo em vão para serem admitidos. Nunca se encontram onde está a ação, onde os planos são feitos e as estratégias discutidas. Sempre parecem chegar aos lugares errados nas horas erradas e com as pessoas erradas, fora dos muros da cidade, quando a festa acabou.

Há alguns anos, quando era capelão da Holland-America Line, eu estava na ponte de um enorme transatlântico holandês que tentava abrir caminho através de neblina espessa e chegar ao porto de Rotterdã. A neblina era de fato tão espessa que o timoneiro não conseguia nem ver a proa do navio.

O capitão, escutando cuidadosamente o operador de uma estação de radar que lhe explicava sua posição entre outros navios, andava nervosamente para cima e para baixo da ponte e gritava ordens para o timoneiro. Quando subitamente deu comigo, ele disse de chofre: "Mas que coisa, padre, saia da minha frente". Mas, quando eu já ia embora, cheio de uma sensação de incompetência e culpa, ele voltou e disse: "Pode ficar por aqui? Esta pode ser a única vez que eu realmente preciso de você".

Houve um tempo, não faz muito, em que nos sentimos como capitães comandando nossos navios com um grande senso de poder e autoconfiança. Agora estamos atrapalhando o caminho. Essa é a nossa posição solitária. Somos impotentes, deixados de lado, talvez estimados por alguns tripulantes que esfregam o chão do convés e escapam para tomar uma cerveja conosco, mas não somos levados muito a sério quando o tempo está bom.

A ferida da nossa solidão é, de fato, profunda. Talvez nós a tivéssemos esquecido, já que havia tantas distrações. Mas nosso fracasso em salvar o mundo com nossas boas intenções e ações sinceras e nosso deslocamento indesejado para as margens da vida nos conscientizaram que a ferida continua lá.

Então, vemos como a solidão é a ferida dos ministros, não só porque partilhamos da condição humana, mas também devido à condição única da nossa profissão. É essa ferida que somos chamados a enfaixar com mais cuidado e atenção do que os outros geralmente o fazem. Pois um entendimento profundo da nossa própria dor nos possibilita converter nossa fraqueza em força e oferecer nossa própria experiência como uma fonte de cura para aqueles que frequentemente se perdem na escuridão de seus próprios sofrimentos incompreendidos.

Isso é muito difícil porque para ministros que estão comprometidos em formar uma comunidade de fé a solidão é uma ferida muito dolorosa, facilmente sujeita a ser negada e negligenciada. Mas quando a dor for aceita e entendida, a negação não é mais necessária e o ministério pode se tornar um serviço de cura.

2 O ministro curador

Como feridas podem se tornar fonte de cura? Essa é uma pergunta que requer consideração cuidadosa, pois quando queremos colocar nosso eu ferido a serviço dos outros precisamos levar em conta a relação entre nossa vida profissional e pessoal.

Por um lado, os ministros não podem esconder sua própria experiência de vida daqueles a que querem ajudar. Nem devem querer escondê-la. Enquanto médicos ainda podem ser bons médicos mesmo quando sua vida particular está gravemente perturbada, os ministros não podem oferecer ajuda sem um reconhecimento constante e vital de sua própria experiência.

Por outro lado, seria muito fácil utilizar mal o conceito de curador ferido ao defender uma forma de exibicionismo espiritual. Ministros que falam no púlpito sobre seus próprios problemas pessoais não ajudam em nada a assembleia, porque pessoas que sofrem não são ajudadas por quem lhes diz que têm o mesmo problema. Frases como "Não se preocupe porque eu sofro da mesma depressão, confusão e ansiedade que você" não ajudam ninguém. Esse exibicionismo espiritual acrescenta pouca fé a uma fé já exígua e cria visão estreita ao invés de novas perspectivas. Feridas abertas cheiram mal e não saram.

Tornar suas próprias feridas uma fonte de cura não requer, portanto, o compartilhamento de dores pessoais superficiais, mas sim uma constante disposição para ver que sua própria dor e sofrimento emergem da profundeza da condição humana que todos nós partilhamos.

Para determinadas pessoas o conceito de curador ferido pode soar mórbido e doentio. Podem sentir que o ideal de autorrealização é substituído por um ideal de autoflagelação e que a dor é romantizada, ao invés de criticada. Eu gostaria de mostrar como a ideia do curador ferido não contradiz o conceito de realização ou satisfação pessoal, mas o aprofunda e amplia.

Como a cura ocorre? Muitas palavras como "cuidado" e "compaixão", "compreensão" e "perdão", "companheirismo" e "comunidade" têm sido usadas para a tarefa curadora do ministro cristão. Eu gostaria de usar a palavra "hospitalidade", não apenas porque tem raízes muito profundas na tradição judaico-cristã, mas também e principalmente porque torna mais clara a natureza da resposta à condição humana de solidão.

A hospitalidade é a virtude que nos permite superar a estreiteza dos nossos próprios medos e abrir nossa casa ao desconhecido, com a intuição de que a salvação nos chega na forma de um viajante cansado. A hospitalidade transforma discípulos ansiosos em testemunhas vigorosas, transforma proprietários desconfiados em doadores generosos e transforma sectários intolerantes em recipientes interessados por novas ideias e visões.

Ficou muito difícil para nós hoje em dia entender plenamente as implicações da hospitalidade. Como os nômades semíticos vivemos em um deserto com muitos viajantes solitários que procuram um momento de paz, uma bebida fresca e um sinal de encorajamento para que possam continuar sua misteriosa busca pela liberdade.

O que a hospitalidade como uma força curadora exige? Em primeiro lugar exige que os anfitriões se sintam bem em sua própria casa e, segundo, que criem um lugar livre e sem medo para o visitante inesperado. Portanto, a hospitalidade envolve dois conceitos: concentração e comunidade.

2.1 Hospitalidade e concentração

A hospitalidade é a capacidade de prestar atenção no convidado. Isso é muito difícil, já que estamos preocupados com nossas próprias necessidades, preocupações e tensões que nos impedem de nos distanciar de nós mesmos para poder prestar atenção nos outros.

Não muito tempo atrás conheci o padre de uma determinada paróquia. Após descrever sua frenética agenda diária – cerimônias religiosas, ensino em sala de aula, compromissos de almoço e jantar e reuniões organizacionais – ele disse, como quem pede desculpas: "Sim... é que há tantos problemas..." Quando eu perguntei "Problemas de quem?" ele ficou em silêncio por alguns minutos e então, com um pouco de relutância, disse: "Acho que... meus". De fato, suas espantosas atividades pareciam ser em grande parte motivadas pelo medo do que descobriria quando parasse. Ele chegou a dizer: "Acho que estou ocupado para evitar uma concentração dolorosa em mim mesmo".

Então, para nós é extremamente difícil prestar atenção devido às nossas intenções. Tão logo nossas intenções tomam conta a pergunta não é mais "Quem é ele?", mas "O que posso obter dele?" Então, não ouvimos mais o que ele está dizendo, mas o que podemos fazer com o que ele está dizendo. Portanto, o atendimento da nossa própria necessidade não reconhecida de simpatia, amizade, popularidade, sucesso, compreensão, dinheiro ou uma carreira torna-se a nossa preocupação, e em vez de prestarmos atenção nos outros nós nos aproveitamos deles com curiosidade intrusiva[21].

Aqueles que querem prestar atenção sem intenções precisam estar confortáveis em sua própria casa; ou seja, precisam descobrir o centro de sua vida em seu próprio coração. Portanto, a concentração, que leva à meditação e à contemplação, é uma pré-condição necessária para a verdadeira hospitalidade. Quando nossa alma está agitada, quando somos movidos por milhares de estímulos diferentes e muitas

---

21 Cf. HILLMAN, J. *Insearch*. Nova York: Charles Scribner's Sons, 1967, p. 18.

vezes conflitantes, quando estamos sempre divididos entre pessoas, ideias e preocupações mundanas, como é possível criar o lugar e o espaço onde outros possam entrar livremente, sem se sentirem intrusos ilícitos?

Paradoxalmente, ao nos recolhermos em nós mesmos, não por autocomiseração, mas por humildade, criamos espaços para os outros serem eles mesmos e virem até nós por conta própria. James Hillman, diretor de estudos do Instituto C.G. Jung em Zurique escreveu o seguinte sobre terapia:

> Para que a outra pessoa se abra e fale é preciso um afastamento do terapeuta. Eu devo me afastar para abrir espaço para o outro... Esse afastamento, em vez de uma saída para encontrar o outro, é um ato intenso de concentração, e seu modelo pode ser encontrado na doutrina mística judaica do Tsimtsum. Deus, onipresente e onipotente, estava em todos os lugares. Preenchia o universo com seu ser. Como, então, a criação pôde se dar?... Deus precisou criar se afastando; Ele criou o *não Ele*, o outro, por autoconcentração... No nível humano, o afastamento de mim mesmo ajuda o outro a vir a ser ele mesmo[22].

Mas o afastamento humano é um processo muito doloroso e solitário, porque nos obriga a encarar de frente nossa própria condição em todo seu mistério, bem como em toda sua beleza. Mas quando não tememos fazer a jornada até

---

22 Ibid., p. 31.

nosso próprio centro e nos concentrar nas agitações da nossa própria alma damo-nos conta de que estar vivo significa ser amado. Essa experiência nos mostra que só podemos amar porque nascemos do amor, que só podemos dar porque nossa vida é uma dádiva e que só podemos libertar os outros porque somos libertados por Aquele cujo coração é maior do que o nosso.

E quando finalmente tivermos encontrado a âncora para nossa vida dentro do nosso próprio centro podemos ser livres para deixar outros entrarem no espaço criado para eles e lhes permitir dançar sua própria dança, cantar sua própria canção e falar sua própria língua sem medo. Então, nossa presença não será mais exigente e ameaçadora, mas convidativa e libertadora.

2.2 Hospitalidade e comunidade

Ministros que aceitaram sua própria solidão e estão confortáveis em sua própria casa são anfitriões que oferecem hospitalidade a seus convidados. Dão-lhes um espaço amigável onde podem se sentir livres para ir e vir, aproximar-se e distanciar-se, descansar e brincar, falar e silenciar, comer e jejuar. O paradoxo, na verdade, é que a hospitalidade pede a criação de um espaço vazio onde os convidados possam encontrar sua própria alma.

Por que esse ministério é curador? É curador porque elimina a falsa ilusão de que uma pessoa pode dar completude à outra. É curador porque não elimina a solidão e a dor dos outros, mas os convida a reconhecer sua solidão em um nível em que ela pode ser compartilhada. Muitos nesta vida sofrem porque procuram ansiosamente o homem ou a mulher, o acontecimento ou o encontro que eliminará sua solidão. Mas quando entram em uma casa com verdadeira hospitalidade logo percebem que suas próprias feridas devem ser entendidas não como fontes de desespero e amargura, mas como sinais de que devem seguir em frente obedecendo aos chamados dessas feridas.

Com isso temos uma ideia de que tipo de ajuda um ministro pode oferecer. Ministros não são médicos, cuja tarefa primária é eliminar a dor. Ao invés, eles aprofundam a dor a um nível em que pode ser compartilhada. Quando as pessoas levam sua solidão aos ministros naturalmente esperam que a solidão seja entendida e sentida, de modo que não tenham mais que fugir dela, mas aceitá-la como expressão da condição humana básica. Quando uma mulher sofre a perda de um filho, ministros não são chamados para consolá-la dizendo-lhe que ela ainda tem dois filhos lindos e saudáveis em casa; eles são desafiados a ajudá-la a compreender que a morte do filho revela sua própria condição mortal, a mesma condição humana que o ministro e os outros compartilham com ela.

Talvez a principal tarefa do ministro é evitar que as pessoas sofram pelos motivos errados. Muitos sofrem devido a uma falsa suposição na qual basearam sua vida. Essa suposição é de que não deveria existir nenhum medo ou solidão, nenhuma confusão ou dúvida. Mas só é possível lidar criativamente com esses sofrimentos quando eles são entendidos como feridas indissociáveis da nossa condição humana.

Portanto, o ministério é um serviço de muito confronto. Não permite que as pessoas vivam com ilusões de imortalidade e completude. Não cessa de lembrá-las que são mortais e incompletas, mas também que, com o reconhecimento dessa condição, a libertação tem início.

Nenhum ministro pode salvar ninguém. Podemos apenas nos oferecer como guias para pessoas amedrontadas. Contudo, de maneira paradoxa, é precisamente nesse guiamento que os primeiros sinais de esperança se tornam visíveis. É assim porque uma dor partilhada não paralisa mais, mas mobiliza, quando entendida como um caminho para a libertação. Quando nos conscientizamos de que não temos de fugir das nossas dores, mas que podemos mobilizá-las tornando-as uma busca comum por vida, essas mesmas dores são convertidas de expressões de desespero em sinais de esperança.

Por meio dessa busca comum a hospitalidade se torna comunidade a partir da criação de uma unidade baseada na confissão partilhada de nossa fragilidade básica e de uma esperança compartilhada. Essa esperança, por sua vez, leva-nos bem além das fronteiras da união humana até Aquele que chama todas as pessoas a saírem da terra da escravidão para entrarem na terra da liberdade. É parte da visão central da tradição judaico-cristã, que é o chamado de Deus que forma o povo de Deus.

Uma comunidade cristã, portanto, é uma comunidade curadora, não porque feridas são curadas e dores são aliviadas, mas porque feridas e dores tornam-se aberturas ou ocasiões para uma nova visão. A confissão mútua, então, torna-se um aprofundamento mútuo da esperança, e a fraqueza partilhada serve para lembrar a todos da força vindoura.

Quando a solidão está entre as principais feridas do ministro a hospitalidade pode transformar essa ferida em uma fonte de cura. A concentração impede que ministros sobrecarreguem os outros com sua dor e lhes permite aceitar suas feridas como mestras que ensinam a própria condição deles e a de seus semelhantes. A comunidade brota quando o compartilhamento da dor ocorre não como uma forma asfixiante de queixa pessoal, mas como um reconhecimento das promessas salvíficas de Deus.

Conclusão

Comecei este capítulo com a história do Rabino Yoshua ben Levi que perguntou a Elias: “Quando o Messias virá?”

Essa história tem uma conclusão importante. Quando Elias lhe explicou que poderia encontrar o Messias entre os pobres nos portões da cidade o Rabino Yoshua ben Levi foi até o Messias e lhe disse:

> "A paz esteja convosco, meu mestre e professor".
> O Messias respondeu: "A paz esteja contigo, filho de Levi".
> O rabino perguntou: "Quando o mestre virá?"
> "Hoje", ele respondeu.
> O Rabino Yoshua voltou até onde estava Elias, que perguntou: "O que ele lhe disse?"
> "Ele me enganou porque disse 'Hoje eu virei', e não veio".
> Elias disse: "Isso é o que ele lhe disse: 'Hoje, se você ouvir sua voz'"[23].

Mesmo quando sabemos que somos chamados a ser curadores feridos, ainda é muito difícil reconhecer que a cura precisa ocorrer hoje, porque vivemos em uma época na qual nossas feridas se tornaram visíveis demais. Nossa solidão e isolamento tornaram-se uma parte tão grande da nossa experiência humana que clamamos por um Libertador que nos tirará de nosso sofrimento e nos trará justiça e paz.

No entanto, anunciar que o Libertador está entre os pobres, que as feridas são sinais de esperança e que hoje é o dia da libertação é um passo que muito poucos podem

---

23 Extraído do *Tractate Sanhedrin*, folio 98a.

dar. Mas é esse exatamente o anúncio do curador ferido: "O mestre está chegando – não amanhã, mas hoje; não no ano que vem, mas neste ano; não depois que todo nosso sofrimento tiver passado, mas no meio dele; não em outro lugar, mas aqui mesmo, onde nos encontramos".

E, com uma confrontação desafiadora, ele diz:

> Oxalá escutásseis hoje a sua voz:
> "Não endureçais o vosso coração como em Meriba,
> como aquele dia em Massa, no deserto,
> quando vossos pais me desafiaram
> e me puseram à prova, embora tivessem visto minha ação!"
> (Sl 95,7).

Se, de fato, ouvirmos a voz e acreditarmos que o ministério é um sinal de esperança porque torna visíveis os primeiros raios de luz do Messias vindouro, podemos fazer com que nós e os outros entendamos que já carregamos em nós a fonte da nossa própria busca. Assim, o ministério pode ser de fato um testemunho da verdade viva de que a ferida, que causa nosso sofrimento agora, nos será revelada mais tarde como o lugar onde Deus introduziu uma nova criação.

Conclusão

Um impulso adiante

No último capítulo deste livro descrevi a hospitalidade como uma atitude central dos ministros que querem tornar sua própria condição ferida disponível para outros como uma fonte de cura. Espero que as implicações dessa atitude tenham se tornado visíveis por intermédio dos diferentes convidados para os quais os ministros são chamados a ser anfitriões receptivos.

Aqueles que buscam novos modos de imortalidade em meio a uma existência fragmentada e deslocada; as gerações interiorizadas, órfãs e convulsivas; e o Sr. Harrison, o lavrador inválido, perdido no ambiente impessoal do hospital, com medo de morrer e com medo de viver – todos eles pedem um lugar onde possam se mover sem medo e gozar a liberdade de descobrir novas direções. Quando imitar Cristo não significa viver a vida como Cristo, mas sim viver sua própria vida tão autenticamente quanto Cristo viveu a dele, então há muitas maneiras de alguém poder ser um cristão.

Ministros são aqueles que podem tornar possível a busca por autenticidade, não se apartando como telas neutras ou observadores imparciais, mas como testemunhas articuladas de Cristo, que colocam sua própria busca à disposição dos outros. Essa hospitalidade exige que os ministros não só saibam onde se situam e quem defendem; também exige que permitam que outros entrem em suas vidas, aproximarem-se deles e perguntem como suas vidas estão ligadas umas às outras.

Ninguém pode prever aonde isso nos levará, porque sempre que anfitriões permitem ser influenciados por seus convidados correm o risco de não saber como suas vidas serão afetadas. Mas é exatamente nas buscas comuns e nos riscos compartilhados que novas ideias nascem, que novas visões se revelam e novas estradas se tornam visíveis.

Não sabemos onde estaremos daqui a dois, dez ou vinte anos. O que podemos saber, todavia, é que os humanos sofrem, e que compartilhar esse sofrimento pode nos ajudar a avançar. Os ministros são chamados a tornar esse impulso adiante plausível para seus muitos convidados, para que não fiquem parados, mas tenham um desejo crescente de avançar na convicção de que a plena libertação da humanidade ainda está por vir.

LEIA TAMBÉM:

Como encontrar Deus

...e por que nem é necessário procurá-lo

Zacharias Heyes

"Deus se revela a todo momento, e o ambiente mais propício para encontrá-lo é o cotidiano."

O cristianismo é uma religião cuja característica essencial é que o ser humano não precisa se esforçar constantemente para chegar a Deus, para encontrar um acesso a Deus, para "mostrar serviço" para que Deus o aceite. Em outras palavras: ele não precisa se perguntar constantemente sobre como pode subir até Deus ou quantos degraus na escada para o céu ele já escalou. O cristianismo parte da premissa de que o movimento fundamental segue a direção de Deus para o ser humano. Foi Deus quem desceu do céu e alcançou o ser humano.

O evento decisivo é a encarnação de Deus em Jesus. Os cristãos acreditam que, em Jesus, o próprio Deus se tornou humano. Ele viveu entre as pessoas, deu-lhes seu amor, sua amizade, Ele as curou e edificou. As pessoas que conheceram Jesus receberam nova esperança e força por meio desse encontro. O desejo de Deus é estar presente entre as pessoas porque Ele as ama. Aquele que parte em busca de Deus não precisa funcionar constantemente no "modo de busca", mas ter, sobretudo, a disposição interna de permitir que Deus o encontre e de encontrá-lo no meio das pessoas.

Nessa obra, Zacharias Heyes traz exemplos históricos de personagens que reencontraram Deus no cotidiano de sua vida. O ápice da participação de Deus no cotidiano da vida é a encarnação do Filho, que se faz humano com os humanos. Num segundo momento, Heyes cita aspectos da relação humana com o outro. A manifestação de Deus no cotidiano leva a um novo relacionamento com o outro, de forma a encontrar o Deus que se manifesta nele.

LEIA TAMBÉM:

Meu livro de orações

Anselm Grün

Autor reconhecido mundialmente por suas obras sobre espiritualidade e autoconhecimento, Anselm Grün traz nessa nova obra uma seleção de orações que são oriundas da tradição beneditina e outras que são próximas do espírito beneditino. O autor escreveu também orações inspiradas na experiência das instituições monásticas. Para os monges, oração significa: oferecer a Deus sua vida inteira, sua verdade mais íntima, para que o Espírito de Deus possa permear tudo em nós, e nos transformar.

Segundo Grün: "Na oração ofereço a Deus os meus sentimentos, as minhas afeições, os meus medos, para que, através deles, eu possa sentir Deus como o fundo mais recôndito da minha alma e onde encontro tranquilidade. Bento significa: 'o abençoado'. Orar, para São Bento, significa também colocar tudo sob a bênção de Deus: a mim mesmo, as pessoas e a realidade deste mundo, para que possamos vivenciar que tudo pode vir a ser uma bênção para nós e que nós mesmos somos uma bênção para as pessoas. O objetivo de orar, pedir, louvar e abençoar é 'que Deus seja glorificado em tudo'".

Anselm Grün é autor reconhecido no mundo inteiro por seus inúmeros livros publicados em mais de 28 línguas. O monge beneditino, da Abadia de Münsterschwarzach (Alemanha), une a capacidade ímpar de falar de coisas profundas com simplicidade e expressar com palavras aquilo que as pessoas experimentam em seu coração. Procurado como palestrante e conselheiro na Alemanha e no estrangeiro, tornou-se ícone da espiritualidade e mestre do autoconhecimento em nossos dias. Tem dezenas de obras publicadas no Brasil.

Conecte-se conosco:

facebook.com/editoravozes

@editoravozes

@editora_vozes

youtube.com/editoravozes

+55 24 2233-9033

www.vozes.com.br

Conheça nossas lojas:

www.livrariavozes.com.br

Belo Horizonte – Brasília – Campinas – Cuiabá – Curitiba
Fortaleza – Juiz de Fora – Petrópolis – Recife – São Paulo

Vozes de Bolso

EDITORA VOZES LTDA.
Rua Frei Luís, 100 – Centro – Cep 25689-900 – Petrópolis, RJ
Tel.: (24) 2233-9000 – E-mail: vendas@vozes.com.br